園力アップSeries 3

重大事故を防ぐ園づくり
研修＆実践＆トレーニング

猪熊弘子＋新保庄三＋寺町東子 著
Inokuma Hiroko　Shinbo Syouzou　Teramachi Touko

ひとなる書房

はじめに

安全な保育を求めるための1冊に

　日本全国のさまざまな教育・保育施設では、おそらく、毎日のように小さな事故が起きています。重大な保育事故が報道されると、「怖いなあ」と思いつつも、いえ、怖いと感じるからこそ、なかなか当事者の目線や意識で報道を受け止めることは難しいのかもしれません。

　昨年の夏は、西日本を中心に大きな災害が続きました。連日、多くのメディアが甚大な被害を報じる中で、「正常性バイアス」という言葉が取り上げられていました。耳にした人も少なくないでしょう。
　「正常性バイアス」とは、「異常事態に直面しても正常の範囲内であると無意識のうちに判断し、平静を保とうとする心理傾向」を指します。主に自然災害や重大事故に対して、「自分は大丈夫」と思ってしまう心理状態です。

　保育事故のニュースに接したときも同様の心理状態になってはいないでしょうか。もちろん中には、「自園は大丈夫だろうか」と点検を行う現場もあるでしょう。が、多くの人の気持ちに正常性バイアスが働いて「たぶん大丈夫」と捉えているのではないでしょうか。
　でも、それでは、子どもたちの命を守り、安全な保育を保障することにはつながりません。「たぶん大丈夫」ではなく、しっかりと安全な保育を行うことが早急の課題です。

　さまざまなことに関心をもち、好奇心を膨らませて、自分の世界を広げる子どもたちの育ちを保障しつつ、「安全な保育」を行うには、何が大事なのでしょう。保育者のだれもが、子どもの行動を制限・管理するような保育でないことはわかっています。でも、具体的にどうすればいいのかをどこまで明確に把握しているでしょう。

本書は、これまで保育現場の危機管理や事故防止に携わってきた立場から、リスクマネジメントの基本—考え方や防止策、システムづくり—や求められる力量などを、分かりやすくまとめた実践書です。

　危機管理は、管理者やリーダーのみで行えるものではありません。ぜひ、職場の皆さんで関心をもち合い、話し合ってください。こと子どもの命を守ることにおいて、例えば正規・非正規の区別はありません。保育の専門性とはそういうことです（だからこそ、立場の違いによる格差はなくなってほしいものです）。
　本書の第1部と第3部では、現場のとてもすぐれた取り組みを紹介しています。取材に伺ったときの園長先生の言葉は、安全な保育がたどり着く保育の姿を示唆していました。
　「安全な保育には、子どもの発達を踏まえることが必要不可欠です。そして、子どもの発達を踏まえることは、自然と保育の質の向上につながるのです。」

　子どもたちはもちろん、保育者にとっても、毎日を暮らす園が、安心で、安全な場所であることを願ってやみません。

　最後になりましたが、現場の実践取材に快く応じてくださった今井保育園（東京都青梅市）、南つくし野保育園（東京都町田市）、そして、トレーニングの実践をご紹介くださった千葉県柏市保育運営課及び公立保育園の皆様方に心よりお礼を申し上げます。

2019年1月
筆者一同

目次

はじめに 安全な保育を求めるための1冊に ……2

第1部 みんなで知っておきたい危機管理の基礎知識 ……7

プロローグ 重大事故で失われる命と信頼 8

- ■重大事故がもたらす二重の苦しみ ……8
- ■重大事故で失う信頼 ……8
- ■大切な子どもたちを守ることは、保育者の人生を守ること ……9

重大事故への視点 10

- ■事故は「起こるもの」ではなく「起こさないようにするもの」……10
- ■園内では繰り返し同じような事故が起きている ……12
- **現場での試み** ヒヤリハット報告書の導入と活用 今井保育園 ……15

重大事故を知る 18

- ■重大事故は、どこでどのように起きているか？ ……18
- ■くう・ねる・水あそび ……20
- **それぞれへの対策**
  - （1）ねる／0、1歳／睡眠中の事故 ……21
    - Column 「睡眠中」の事故を起こさないために ……23
  - （2）くう／1〜2歳／食事中の事故 ……24
  - （3）水あそび／3歳以上／水の事故 ……26
  - （4）治療に1か月以上かかるケガへの対策 ……28
    - Column 安全面で気になる3つの案件 ……31

園の安全管理システム 32

- ■コンプライアンス（法令遵守）とガバナンス（組織の正しい運営）……32
- ■気づきのアンテナ ……34
- ■安全マニュアル ……36
  - Column 必ず参照したいガイドライン ……37

実践から学ぼう 現場での試み 南つくし野保育園 38

- ■みんなで考える ……38
- ■お散歩マニュアル ……39
  - 資料＜Aエリアお散歩マニュアル／やなぎ公園お散歩マニュアル＞
- ■ヒヤリハット ……46
  - 資料＜ヒヤリハットマップ／ヒヤリハット一覧表／ヒヤリハット集計表＞

- ■園内安全マップと園内・園庭チェック …… 50
    - 資料＜南つくし野保育園 園内安全マップ／園庭チェック表　書式例／
       園内安全チェック表　書式例＞
- ■ケガへの対応 …… 54
    - 資料＜○○からのお知らせ／ヒヤリハット・事故・怪我報告書　再発防止策／
       平成29年度南つくし野保育園　事故・怪我集計＞
- ■水あそび・プール活動を安全に楽しむために …… 58
    - 資料＜水あそび日誌（1階用・小プール）／
       水あそび日誌（2階用・大プール）／水あそびマニュアル 1階＞
- Column　安全管理と保育は車の両輪 …… 62

第2部　重大な事故事例から学ぶ安全な保育 …… 63

プロローグ　重大事故の原因も防止策も一つではない　64

- ■子どもが事故に遭ったとき、命にかかわるリスクを除去できますか …… 64
- ■一つの事故を複数の視点から分析、いくつもの予防策を …… 65
- ■人（ヒト）・物（モノ）・運用（システム）の3つの視点 …… 65
- ■知っておきたい「注意義務」…… 67

午睡中の死亡事故を考える　68

- ■事故を防ぐことができる2つのパターン …… 68
- ■実は1、2歳児は保育施設の方が死亡率が高い …… 70
    - 資料「教育・保育施設等における事故防止及び事故発生時の
       対応のためのガイドライン」より
       睡眠中　窒息リスクの除去の方法 …… 72

3つの事故を考える　73

- ■**事故検証1　転倒事故** …… 73
    - 転倒事故から学ぶ　対談❶
    - 事故後の検証が防止につながる …… 77
        - 資料「教育・保育施設等における事故防止及び
           事故発生時の対応のためのガイドライン」より
           施設内設備のチェックリスト …… 80
- ■**事故検証2　プールでの事故** …… 81
    - プール事故から学ぶ　対談❷
    - いくつもの「なぜ？」が隠れている …… 85
        - 資料「教育・保育施設等における事故防止及び
           事故発生時の対応のためのガイドライン」より
           プール活動・水遊びの際に注意すべきポイント …… 90

■事故検証3　おやつでの誤嚥事故 …… 91
誤嚥事故から学ぶ　対談❸
安全な保育に必要なこと …… 94

資料 「教育・保育施設等における事故防止及び
　　　事故発生時の対応のためのガイドライン」より
　　　誤嚥（食事中）食事の介助をする際に注意すべきポイント ……97
　　　事故の再発防止のための取り組み　参考資料

第3部　危機管理能力を高めるトレーニング …… 99

プロローグ　大人だけのトレーニングが必要なワケ　100

- ■避難訓練の落とし穴 …… 100
- ■事故後の検証の難しさ …… 101

危機管理の意識を高める2つのワーク　102

ワーク①
心の準備あるところに幸運が舞い降りる …… 102
ワーク②
回転式対話方式 …… 105

危機対応トレーニングの実践例　108

- ■事例1　さらしでのおんぶで避難 …… 108
- ■事例2　けいれんや午睡中の救急 …… 110
  - 資料 「教育・保育施設等における事故防止及び
  　　　事故発生時の対応のためのガイドライン」より …… 112
- ■事例3　嘔吐の手当と対応訓練 …… 114
- ■事例4　すべり台からの落下 …… 116
  - 資料 訓練園で使用している緊急保護者連絡チャート …… 117
- ■事例5　プールでおぼれたときの訓練 …… 118
- ■事例6　園長・副園長が不在時の対応 …… 120

実践のまとめ　大人だけのトレーニングが生まれたワケ …… 121

おわりに　事故の検証が新たな事故を防ぐ …… 122
資料＜検証用絵人形カード＞

みんなで知っておきたい
危機管理の基礎知識

重大事故は、いつ、どこで、どんなふうに起きているのでしょうか。
気をつけたいのはどんな場面でしょうか。
保育のさまざまな場面に照らし合わせながら、どうやって安全な保育を作っていけばいいのか、
具体的な内容を紹介します。
また、ヒヤリハットにまつわる試行錯誤や、全員で取り組んだ危機管理など、
園現場の実践もあわせて紹介します。

担当●猪熊弘子

プロフィール
猪熊弘子（いのくまひろこ）
ジャーナリスト。一般社団法人 子ども安全計画研究所代表理事。名寄市立大学特命教授。
保育・教育、子ども施策などを主なテーマに、執筆・翻訳、テレビ・ラジオ出演、講演を行なう。

<著書>
『死を招いた保育』（ひとなる書房）第49回日本保育学会 日私幼賞・保育学文献賞受賞。
近著『子どもがすくすく育つ幼稚園・保育園　教育・環境・安全の見方や選び方、付き合い方まで』
（寺町東子共著　内外出版社）他多数。

Prolog
重大事故で失われる命と信頼

重大事故がもたらす二重の悲しみ

　この世の中に辛いことはたくさんありますが、「子どもを亡くすこと」ほど辛いことはないでしょう。自分より先にわが子が亡くなることは、この世でもっとも悲しい出来事だと思います。親や家族、親族はもちろん、友人や近所の人など、その子に関わったすべての人たちが、この上ない悲しみを味わいます。

　さらに「保育事故」が悲しいのは、親が安全だと信じ、親が「選んだ」園や施設で子どもが亡くなったという点です。「なぜ、あそこに預けてしまったのか？」という思いに、親は永遠にとらわれ続けます。そこから逃れることは一生ないはずです。そういう意味で二重に悲しく、苦しいのです。

重大事故で失う信頼

　かつて、重大な事故を起こしてしまったことがある園に行ったときのことです。最寄り駅からタクシーに乗り、「○○保育園までお願いします」と園名を告げると、運転手さんが言いました。「ああ、あの子どもが死んじゃった園ね」。私はとても驚きました。たしかにその園では子どもが意識不明になったのですが、幸いにも回復し、今では元気になっています。「いいえ、お子さんは亡くなっていませんよ」と教えてあげると、運転手

さんは「そうだったの？　知らなかった。てっきり亡くなったんだとばかり思っていたよ」と言っていました。それが事故の後の、世間の反応なのです。一度重大事故を起こすと、「ああ、あの事故のあった園ね」と言われてしまいます。園への信頼は失われます。一度失われた信頼を回復するのはとてもたいへんなことです。

また、別の重大事故を起こした園は、事故によってすっかり評判が下がってしまいました。待機児童もいるような地域なのに、事故の後は定員いっぱいになることがなく、同時に園児だけでなく職員も集まらないため、運営が厳しい状態だといいます。インターネットが普及し、事故の情報はすぐに広まっていく時代です。一度重大な事故を起こせば、園の存続に関わる事態になると言えるでしょう。

大切な子どもたちを守ることは、保育者の人生を守ること

園や法人への信頼を失うだけではありません。重大事故を起こしてしまっていちばん影響を受けるのは、現場の保育者だといえます。実際に、重大事故を目の前で体験してしまった保育者の方たちに何度もお話を伺ったことがありますが、みなさん、事故の記憶が生々しく、少しお話をするだけで涙が止まらなくなってしまうような状態でした。実際には、事故をきっかけに保育現場から離れてしまう人が少なくありません。

ですから、子どもたちの命を守ることは、保育者の人生を守ることにダイレクトにつながります。子どもを、また、園を、そして、何より自分たちの人生を守るためにも、重大事故を起こしてはならないのです。

重大事故への視点

重大事故は、突然に起きるものなのでしょうか。防ぐためにはどういう考えが必要なのでしょう。
さまざまな視点から重大事故を捉え、防止の方向を探っていきましょう。
現場の試みもあわせて紹介します。

事故は「起こるもの」ではなく 「起こさないようにするもの」

●すべての事故を防ぐのは不可能？

毎日、子どもたちが活動する中では、転んだり、滑ったり、引っかいたり、小さなケガはよく起こるものです。周囲にいる保育者が気をつけていても、小さなケガまでは全てを避けることはできないのが現実です。また、そういったケガをしながら、子どもは育っていきます。

しかし、だからといって「すべてのケガを防ぐのは不可能」「小さな事故は防ぎようがない」としてしまってはいけません。事故は「起こるもの」ではなく「起こさないようにするもの」なのです。「事故は起こるもの」と思いはじめると、いつのまにか、小さな事故に気を配ることがなくなり、なんとなく漫然とやり過ごしてしまうようになります。すべてのケガを避けることはできないからとあきらめてしまったら、大きな事故が起こるのをまったく防ぐことができなくなってしまうのです。

歩きはじめの子どもは、まっすぐに歩き、方向転換するとか、よけるということはできません。歩くことが楽しくて、よちよちと歩いて行く前方に子どもの歩行を妨げる物がないか、先を見通して注意することが大切。

●瞬時の判断と先の見通し

保育者は、いつも「危険」を察知する目を備えておく必要があります。このまま子どもがこの活動を続けたら、その先に何が起こるだろうと想像し、予見する力を身につけなければなりません。保育者に必要なのは「瞬時の判断と先の見通し」、つまり、その場の状況を見てすぐに判断して動くことです。そして「さらにその先」を見通して備える力をつけることなのです。

それには普段から、注意深く子どもの様子や園内の環境を見ていることが重要です。ただなんとなくあたりを見回していただけでは、「瞬時の判断と先の見通し」はできるようになりません。

●「小さな失敗」という言葉の難しさ

よく、「子どもは＜小さな失敗＞を繰り返して成長していく」と言われます。確かにそのとおりです。子どもたちは、ちょっとした困難を乗り越えて、成長していく冒険者です。しかしこの「小さな失敗」という言葉の理解はとても難しいのです。

ひとつめは、どこまでが「小さな失敗？」という問題です。まず、保育者は、一般の人たちよりもずっと「ケガに慣れている」ということを覚えておきましょう。保育者にとっては「小さな失敗」であっても、保護者にとっては初めての「大きな失敗」だと感じていることも少なくありません。その認識のズレが、保護者とのトラブルの元になります。「小さな失敗」かどうかは、保育者と保護者の理解が一致して初めて決められることなのです。

特に、子どもが初めてケガをしたときには、保育者にとってはどんな小さなケガであったとしても、それを顔に出してはいけません。あえて自分が思っているよりもずっと「大きな事故」だと考えて対応してください。そうすることで、保護者の気持ちに近づくことができ、保護者の理解を得られるのです。

ふたつめは、小さな失敗をほうっておくと、小さな失敗のつもりが取り返しのつかない大きな失敗につながる可能性がある、ということです。子どもに小さなケガがよく起きるときには、必ず何かその原因があります。そのときに「失敗」の原因を探る必要があります。何が原因なのかわからないまま、「どうせ小さな失敗だから」と放置しておくと、それが思わぬ大きな失敗につながることもあるのです。

「小さな失敗はたくさんさせた方が子どものためになる」という考え方もまだまだ保育界には残っていますが、それは誤った考え方です。小さな失敗であっても、子どもにとっていやだと思うこと、子どもを傷つけることはなるべく減らすようにしていきましょう。

園内では繰り返し同じような事故が起きている

●園内外のどんな場所でどのようなケガをしているか把握する

　園内で起きている事故について統計を取ってみると、意外と同じような事故が、同じ場所で繰り返し起きていることが多いものです。たとえば、梅雨時などに園を訪問すると、「このテラス、子どもがよく転ぶんですよ」などと言われることがあります。「子どもがよく転ぶ」ことには何かしら理由があります。もしかすると、そのテラスに塗ってある塗料と、子どもたちが履いている上履きの裏側の素材が、たまたま雨で濡れたときによく滑るものなのかもしれません。あるいは、テラスの設置してある場所や、設置角度や、素材のせいかもしれません。「子どもがよく転ぶ」とわかっているのにそのままにしていたら、いつもなら軽いすり傷ですむようなケガも、打ち所が悪くて最悪のケースになることも考えられます。

　園内外で、どんな場所で、子どもがどのようなケガをしているか、事故が起きているかをまず把握することが大切です。

　たとえば子どもがケガをしたときに、その場所や部分に、カラーのビニールテープを小さく切って貼っていく、というようなことでも簡単に事故が起きた場所を把握することができます。ただビニールテープを貼っていくだけで、必ずテープがたくさん貼られる場所が出てきます。どこが危険な場所なのか、一目でわかるようになります。

● **ヒヤリハットは「反省文」ではない**

　もっと具体的に園内で起きる事故を把握するためには、事故の記録をつけることはもちろんですが、「ヒヤリハット」を集めていくことも必要です。「ヒヤリハット」とは、事故につながる危険があったが、事前にわかって事故にならなかった事例のことです。あまり厳密に分類せず、小さなケガなどもこの「ヒヤリハット」に入れている園が多いようです。

　「ヒヤリハット」は、「悪いもの」ではなく、「たくさん出した方がよいもの」と考えてください。「ヒヤリハット」は、事故になる前に気付いて止めることができたものですから、気付いた方がよいものなのです。ヒヤリハットを受け取る立場の主任や園長が、ヒヤリハットを出してきた職員を責めるようなことがあると、嫌がって誰も出さなくなってしまいます。そうなると、ヒヤリハットを出す意味はなくなってしまいます。受け取る立場の人は「よく気付いたね。たくさん出してくれてありがとう！」という思いで、受け取ってください。

　ヒヤリハットが出なくなってしまう園によくありがちなこととして、事故の報告書と同じような、詳細なヒヤリハットの報告書式を使っている場合があります。中には、事故の報告書と同じものを使っている園もあるようです。「反省」を書かせるのも意味がありません。反省欄でよく見られるのは「今後はこういうことがないように気をつけます」という記載です。実は、意外に書くことがないものなのです。

＊ヒヤリハット報告書について、現場の試みをP.15で紹介しています。

● **ヒヤリハットは簡潔に**

　ヒヤリハットは、あまり細かく書く必要はありません。ヒヤリハットに書くのは、簡単な箇条書き形式で、項目も右のようなことだけで十分です。

- 誰が
- いつ
- どこで
- どんな危ないことをしたか
- どんな危ない場面があったか

　このヒヤリハットを続けていくと、必ず「ヒヤリハットが多い子」「ヒヤリハットが多い場所がある」ということに気付くことでしょう。それがわかったら、次は「では、どうすればよいか」を考えていくことが必要です。例えば、「ヒヤリハットが多い場所」は修繕するなどして、環境を整えていくことが大切でしょう。

また、「ヒヤリハットが多い子」も安全に保育できるような配慮をすることが必要でしょう。その子だけを守るような保育にならないように注意しなければなりませんが、事前に配慮するという意味では役立つはずです。さまざまな事情で、急に新しい職員が入ってくる場合があります。慣れていない職員がついているときには、普段よりも事故が起こる危険が高いので、事前にヒヤリハットが多い子や多い場所に注意してもらうことができます。

● 「ヒヤリハット」を出すだけではもったいない

　ヒヤリハットは、毎日、集めることが必要です。「今日は、ヒヤリハットはありませんでした」ということはないはずです。年齢ごとのチームだけでもいいので、毎日起きたヒヤリハットを伝え合い、共有していきましょう。まずは、何が「ヒヤリハット」なのかに気付けるようにすることが必要です。

　ヒヤリハットを集めたら、年齢ごとのグループなどで簡単に読み合わせをしましょう。実はそれだけで小さな園内研修になります。"どの子がどういうことをしがちだ"といったことがよくわかり、それを分析していくと、子どもの願いや、"この子はこういうものが好きなんじゃないか、だからこういうものに手を出すんじゃないか"など、子ども理解につながるようないろいろなことを考えることができます。

　その後、1週間に一度くらいのタイミングで、園の「安全対策委員会」などで検討してみましょう。そして、全職員に報告します。ヒヤリハットは、たんに安全のためだけでなく、保育の振り返りに使える「安全のドキュメンテーション」だとポジティブに考えていけばよいでしょう。

現場での試み

ヒヤリハット報告書の導入と活用

今井保育園
（東京都青梅市）

ヒヤリハット報告書の見直し

■ヒヤリハット報告書の導入がもたらした困惑

今井保育園が「ヒヤリハット報告書」を取り入れた15年くらい前の書式では、「何が起きたか」「誰がかかわったか」はもちろんのこと、「どうしたら防ぐことができたか」を記入するようになっていました（当時の使用書式はP.16に掲載）。

しかし、実際にこの欄に記入されることは、「気をつけていれば防ぐことができたと思います。今後はもっと気をつけます」という反省文のような内容が多く、次第に「ヒヤリハット報告書を出すのはおっくう」という状況が生まれていました。

■見直しを繰り返して

報告書への記入がおっくうになっている事態を改善しようと、新たな試みが始まりました。「もっと気をつけます」というのは、保育者の主観だから、もう少し事態を客観的に書いてみようと呼びかけました。しかし、「そうしたら、ますます保育者を追い詰めることになってしまいました」と、橋本貴志園長は振り返ります。

「報告書の内容よりも、報告書の取り扱い方をまちがえているのかもしれない」と振り返った橋本園長は、報告と対策をそれぞれ別の人が担当するというやり方に変えました。そのことで、報告者は、「何が起こったか」だけを書けばよくなったのです。

資料　現在使われている報告書式　　実際のものをそのまま掲載

16 基礎知識　重大事故への視点

導入当初（2009年）の書式　　実際のものをそのまま掲載

ヒヤリ・ハット報告書

| 園長 | 主任 | リーダー |

報告者名		報告日	平成　年　月　日
発生日時	平成　年　月　日（　）　時　分	天候	
園児名		年齢（月齢）	気温
現場にいた園児数		現場にいた保育者数	

- クラス：1、うめ　2、さくら　3、たんぽぽ　4、すみれ　5、ばら　6、ゆり
- 発生場所：1、室内　2、園庭　3、園庭遊具（　）　4、その他（　）
- 事故内容：1、転倒　2、転落　3、ひっかき　4、噛みつき　5、その他（　）
- 受傷状態：1、打撲　2、切り傷　3、すり傷　4、あざ　5、その他（　）
- 受傷部位：1、頭　2、顔（おでこ・ほほ・鼻・口・歯）　3、腕　4、足　5、体　6、その他（　）
- 加害児：1、有　2、無　　←　見直した項目

発生要因

被児要因　複数回答可
1、興奮しやすい　2、自己主張が強い　3、好奇心が旺盛　4、その他（　）

報告者要因　複数回答可
1、見ていなかった（他児を見ていた・他の仕事をしていた・不注意）2、大丈夫と思った　3、忙しかった　4、確認不足　5、指導不足　6、疲れていた　7、その他（　）

- 事故発生状況（簡潔に記入）
- 原因（簡潔に記入）　　←　かかわった保育者では記入しづらかった項目
- 改善点（具体的に記入）　←
- クラスで話し合った事
- 備考

※記入は原則として当日記入すること

2011年の簡易版　　実際のものをそのまま掲載

ヒヤリ・ハット報告書（簡易版）

| 園長 | 主任 | リーダー |

報告者名		報告日	平成　年　月　日
発生日時	平成　年　月　日（　）　時　分	天候	
園児名		年齢（月齢）	気温
現場にいた園児数		現場にいた保育者数	

- クラス：1、うめ　2、さくら　3、たんぽぽ　4、すみれ　5、ばら　6、ゆり
- 発生場所：1、室内　2、園庭　3、園庭遊具（　）4、その他（　）
- 事故内容：1、転倒　2、その他（　）
- 受傷状態：1、打撲　2、切り傷　3、すり傷　4、あざ　5、その他（　）
- 受傷部位：1、頭　2、顔（おでこ・頬・鼻・口・歯）3、腕　4、足　5、体　6、その他（　）　　←　見直した項目

発生要因

被児要因　複数回答可
1、興奮しやすい　2、自己主張が強い　3、好奇心が旺盛　4、その他（　）

報告者要因　複数回答可
1、見ていなかった（他児を見ていた・他の仕事をしていた・不注意）2、大丈夫と思った　3、忙しかった　4、確認不足　5、指導不足　6、疲れていた　7、その他（　）

事故発生状況・原因　など（簡潔に記入）　　←　簡易にした記入欄

備考

※記入は原則として当日記入すること

ヒヤリハット報告書の活用

■統計してみてわかったことは

　提出された報告書は、看護師が保管し、統計をとります。その結果を園長が分析し、問題点や安全策を探っていきました。統計をとるまでは、「年度始めの落ち着かない時期に多く、月を追うにつれて減っていく」「年齢が高いほど、事例は少なくなる」と予想していましたが、統計をとってみると「実はそうでもなかった」と言います。

　そして、このことから、「ヒヤリハットは子どもの問題ではなく、保育の問題」だと捉え、環境整備について、あるいは、子どもの発達プロセスについて、考えたり、話し合ったりする機会が増えつつあります。

■ヒヤリハットと「かみつき・ひっかき」

　ヒヤリハット報告書で多く上がってくるのが、低年齢児の「かみつき・ひっかき」です。「ヒヤリハット」は「突発的な事象にヒヤリとしたり、ハッとしたりするもの」を指すので、どんな場面もそういう対象の場面は、「ヒヤリハット報告書」に記入して提出します。ただ、その後のその内容の読み解きとして、いろいろな側面から捉える必要があります。

　例えば、友達が持っているおもちゃを取りに行き、相手の反応によって、噛んだり、引っかいたりするAちゃんの姿をどう捉えるか。最初に導入した書式だと、「加害児」という項目がありました。ですが、子ども同士のやり取りを加害と被害に分けるのは、誤った認識を誘発する恐れがあります。Aちゃんの発達段階として、「徐々に認知の幅が広がり、身の回りのいろいろな物に興味をもつ中で、ほかの子が持っている物にまっすぐ突進していく時期にさしかかっている」という理解であれば、保育者のかかわりが重要になってきます。また、その時期であれば、同じ種類のおもちゃを渡すことで満足するので、おもちゃの環境を見直すという気づきにもつながります。あるいは、スペースを少し仕切ってみようという試みにもつながるでしょう。

　「ヒヤリハット報告書」は、あくまでも保育を振り返るきっかけですから、「書いて、出しておしまい」にしない、その後が重要です。

重大事故を知る

重大事故にはいくつもの共通点があります。
よく起きる場面の特徴や、保育の中で意識しておきたいこと、また、
安全管理のシステム作りについてのヒントや情報を紹介します。

重大事故は、どこでどのように起きているか？

　日本では、保育中の重大事故について2004年からの統計があります。それによれば、毎年、10数名の子どもたちが保育施設で命を落としています。これはわかっているだけの数字で、実際にはここに載っていないけれども、亡くなった子どもがいると言われています。また、この調査の数字は保育施設に限られ、幼稚園（特に私学助成で運営される幼稚園）の子どもの死亡事故については調査されていません。

　完全な調査上での数字とはいえませんが、このデータがあることで、わかることもたくさんあります。例えば、子どもの年齢によって起こる事故が違うことや、死亡事故には典型的なパターンがあることもわかっています。園で絶対に避けたいのは死亡事故ですが、その典型的なパターンを知ることで、「これでは事故が起こるかも」と予測ができ、事故を予防することができるようになります。

　事故のことを知るのは「怖い」と言う人がいます。しかし、安心して保育をしたいからこそ、怖がらずに「事故」を知ることが必要です。事故を知り、分析し、自分たちの保育に当てはめて考えていくことが、安全な保育への第一歩なのです。

子どもの死亡事故の特徴

①死亡事故がもっとも多い年齢は、0歳児(次いで1歳、2歳)
②死亡事故がもっとも多い時間は「睡眠中」
③死亡事故がもっとも多い場所は「園内」
④預けられてから比較的短い期間(預けられた当日、または2、3回目など)で亡くなる事例がかなり多い。
⑤3歳以上児が死亡する事例は、非常に少ない。
⑥3歳児以上の事故は、ほとんど園外で起きている。園内の場合はプールが多い。
⑦3歳児以上が死亡する場合には、特殊な原因がある場合が考えられる。

事例 散歩コースのマンションの外壁工事の足場が崩れて下敷きに

ちょうど散歩でその下を通りかかった子どもと保育者が被害にあいました。足場のねじがしっかり締められていなかったということで業務上過失致死の判決が出ていますが、その日は強風注意報が出ていました。風が強い日にどういう活動が安全かを考えて計画していれば、防ぐことができる事故だったかもしれません。

保育施設での死亡事故の現状 (厚生労働省および内閣府発表データより猪熊作成)

	0歳	1歳	2歳	3歳	4歳	5歳	6歳	合計
2004	5	4	2	2			1	14
2005	5	5	1	1	1		1	14
2006	9	2	1	1	1	2		16
2007	11	2	2					15
2008	7	3			1			11
2009	6	4	1			1		12
2010	7	5				1		13
2011	7	5	2					14
2012	10	4	2	1			1	18
2013	8	8	3					19
2014	8	5			3	1		17
2015	7	5	1	1				14
2016	7	4					2	13
2017	2	2	1	1	2		1	8
合計	99	58	16	6	8	5	6	198

基礎知識　重大事故を知る

くう・ねる・水あそび

●最も気をつけたい時間

　子どもの事故について詳しい小児科医の山中龍宏先生[*]は、保育中、最も気をつけたい時間を、「くう・ねる・水あそび」の時間と名付けました。子どもがご飯を食べているとき、寝ているとき、水あそびをしているときのことですが、この3つの場面は保育の中でいちばん死亡事故が多く、危険な時間といえます。

　このことは、2017年に告示された改訂保育所保育指針（幼保連携型認定こども園教育保育要領）や解説にも書かれています。この時間への安全な保育の対策を立てることで、死亡事故は格段に減らすことができるはずです。

[*]山中龍宏＝医学博士。緑園こどもクリニック（神奈川県横浜市）院長。NPO法人Safe Kids Japan理事長。

保育室で最も危険な場面と年齢

（1）ねる……0、1歳

　保育中にもっとも死亡事故が多いのが「ねる」時間帯です。保育中の死亡事故の実に8割以上は睡眠中に亡くなる0・1歳児なのです。午睡の時間だけでなく、夜間保育をしている保育施設で、夜間の睡眠中に亡くなる子も少なくありません。子どもが寝ている時間は保育者の休憩時間だと思われがちですが、そうではなく、この時間に最も子どもが亡くなっているということを踏まえて、そこからシフトを組み立てていくことが必要です。自治体の中には、「お昼寝加配」などという名目で、この時間に特別な加配の保育者をつけている所もあります。

（2）くう……1，2歳

　すべての保育中で、2番目に死亡事故が多いのが、「くう」時間帯です。毎年、年末年始に、お年寄りがお餅を喉に詰まらせて亡くなる事故が報道されますが、同じように乳幼児にとっても「食べる」ということが、命につながる危険になる場合があります。まずは、園内の保育者同士で「食べることは危険」という意識を持ちましょう。

（3）水あそび……3歳以上

　3歳以上の死亡事故の多くが園外活動で起きていますが、園内で起きる場合には、ほとんどがプールなどの水あそび中の事故です。今ではプール活動の際には、監視に専念する人を置くことが義務づけられており、その人員が確保できない場合には、プール活動は行わない決断も必要です。

　3歳以上のみならず、もちろん、0～2歳でも水の危険があることにはかわりありません。実際に、1歳児が気づかないうちに園庭に出てしまい、排水溝の水に顔をつけて意識不明になった事故も起きています。施設内の「水」の危険には年齢は関係なく、気をつける必要があります。

第1部 みんなで知っておきたい
危機管理の基礎知識

●それぞれへの対策

（1）ねる／0、1歳／睡眠中の事故

❶ 「うつぶせ寝」を絶対にしない

かつて、80～90年代には「うつぶせ、背中トントン」で寝かせることが当たり前に行われていました。しかし、「うつぶせ寝」には窒息や、SIDS（乳幼児突然死症候群）を起こす危険があります。そこで、今では必ずあお向けに寝かせるようになっています。「うつぶせ、背中トントン」は古い時代の寝かせ方です。しばらく現場から遠ざかっていた保育者が再び現場に戻ってくるときには、特に寝かせ方に注意してもらいましょう。

❷ 表情が見えるような明るい部屋で寝かせる

睡眠中に、子どもたちの健康状態が変わる場合があります。特に多いのが、睡眠中のひきつけです。熱性けいれんの場合もあれば、てんかんなどの発作の場合もあります。また、食事の後に口の中に何か食べ物が残っていて、それが喉につまり、チアノーゼを起こすこともあります。そういった際にも、子どもの顔を見ていれば、すぐに異変に気付くことでしょう。表情を見るためにも、必ず明るい部屋で寝かせましょう。

また、子どもが夜はしっかり眠れるよう、睡眠リズムを整えるためにも、昼は「仮眠」で十分です。そのためにも、明るい部屋で寝かせましょう。「明るいと子どもが寝ない」という保育者もいます。それも慣れの問題なので、寝入るまでは薄暗くしていても、子どもたちが寝たらカーテンを開けて明るくしてみましょう。少しずつ明るくても眠れるようにしていけば、1ヵ月ほどで子どもたちは慣れます。「明るいと眠れない」と思い込んでいるのはむしろ保育者のほうなのです。

カーテンを閉めない明るい部屋でもすやすや眠る子どもたち。保育者がすばやく子どものそばに近寄れるように、布団は間隔は空けて敷いてある。連絡帳を書いている保育者は、身体を子どもの方に向け、いつでも動けるようにする。途中で起きて、眠れない子はだっこして対応するなど、子ども一人ひとりに合わせて対応。写真右上は、風邪で前日まで休んでいた子の寝ているときの様子を、看護師が聴診器をあてて健康チェックをしている場面。

写真／香川県
げんき保育園での0歳児のおひるね風景

❸ 呼吸チェックを確実に行う

　呼吸チェックは、子どもの睡眠中の呼吸を確認するために重要です。東京都の監査では、0歳代は5分に1回、1歳代は10分に1回となっています。ただ、実際には1歳半くらいまでの子どもには0歳代と同じような事故も起きていることから、1歳の誕生日を過ぎたとしても、特に発達がゆっくりの子ども、身体が小さめの子どもなどには0歳代と同じような感覚でのチェックが必要でしょう。

　呼吸チェックは、子どもの鼻の前に手をあてて「息をしているかどうか」を確認し、顔を触って熱がないかどうかを確認する、という一連の動作で1セットです。5分おきにするとなると、1人の子どもで1時間に12回、2時間で24回、子どもが10人いれば2時間で240回のチェックをしなければならなくなります。これを確実にこなすためには、なるべく簡単に、しかも正確にチェックできるような方法が必要でしょう。

　香川県にある「げんき保育園」では、小児科医が子どもの口の中をみるときに使うステンレス製の「舌圧子（ぜつあつし）」を使って、正確に、しかも簡単に呼吸チェックを行っています。舌圧子を子どもの鼻の下にかざすと、息をしていればステンレスの部分が曇ります。それを目で見て確認することができます。その後、顔に触って熱の有無を確認したとしても、1人あたりわずか数秒でチェックを終えることができます。安全で、しかも確実な方法です。

　そして、呼吸チェックの際には、必ずタイマーをかけることが必要です。人間は「5分」と思っていても体感では正確に測れないものです。「次は5分後」と思っているうちに時間が過ぎてしまった、というのでは意味がありません。台所で使うキッチンタイマーでも十分で、音がしても子どもはほとんど起きません。必ずタイマーを使って、正確なチェックを行い、記録としてつけていきましょう。

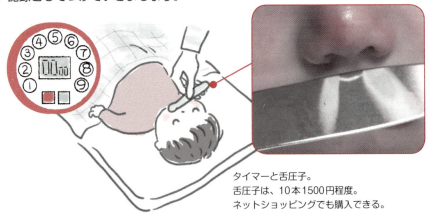

タイマーと舌圧子。
舌圧子は、10本1500円程度。
ネットショッピングでも購入できる。

❹ 顔周りに注意

　寝ている間に、顔に何かが覆い被さってしまう危険があります。子どもが寝ている周囲、特に顔の周辺をふさぐようなぬいぐるみや毛布などがないかどうか、いつも気をつけるようにしましょう。

column

「睡眠中」の事故を起こさないために

　睡眠中の事故は、預け始めの時期に起こりやすいと言われています。これは子どもにストレスがかかっているということもありますが、むしろ、泣く赤ちゃんにうまく対応できない保育者が、泣かせたまま放置したり、赤ちゃんを別室に移して目を離したり、うつぶせに寝かせて上から布団などを掛けたりするなど、保育者の都合を優先させたせいでもあります。

　赤ちゃんの泣き声は、赤ちゃんの「声」そのものです。子どもの権利条約でいえば、赤ちゃんの意見表明なのです。まだ慣れない場所に不安になっているその声をきちんと聴き、しっかり寄り添い、信頼関係を作っていくことが必要です。泣かせっぱなしにしているうちに、赤ちゃんが嘔吐し、それが喉に詰まって窒息する危険もあります。

　また、小さく産まれた赤ちゃんなど、リスクの高い子どもには、より丁寧な対応が必要です。例えば、呼吸が止まったらブザーが鳴って教えてくれるような機械も開発されていますが、機械をつければ万全ということではありません。あくまでも補助として使い、呼吸チェックはいつものように行わなければなりません。リスクの高い赤ちゃんの受け入れ前には保護者と話し合い、十分な対応を考えていくことが必要でしょう。同時に行政や保健センター、かかりつけ医との連携も必要になります。そういった体制を整えていくことも必要です。

　死亡事故の多くが「見ていなかった」ことで起きています。呼吸が止まって4分経つと蘇生率は50％、5分経ったら25％に下がります。[*] 呼吸チェックは絶対に必要です。見ていても突然亡くなる赤ちゃんがいるのではないかと不安になる保育者もいるかもしれませんが、基本的に確実に呼吸チェックをしていれば防げるはずです。保育者は自信を持って、確実に呼吸チェックを行うことが大切です。

＊呼吸停止からの経過時間と蘇生の確立を表した「ドリンカーの救命曲線」参照

（2）くう／1～2歳／食事中の事故

❶ 安全な環境作りの工夫を

　食べることは楽しいことですが、毎年20人以上の乳幼児が食べ物による窒息事故で亡くなっているという現状があります。まずは「食べること＝危険！」という共通認識を職員全体でもつことが必要です。保育園では、いろいろな「食べる」時間があります。朝のおやつ、昼食、午後のおやつ、補食、夜食など、保育時間が長い子どもであればあるほど、「食べる」機会が増えていきます。そういった一つひとつの「食べる」を安全にできるような実践の方法を考えていくことが必要です。

　たとえば、お昼寝あけのおやつの時間は、起き抜けの子どもと、すでに起きて着替えている子どもが混在するような時間です。まだ着替えているような子がいるうちに、すでに起きておやつの準備ができている子どもが先におやつを食べてしまうと、どうしても目が行き届かなくなる危険があります。

　また、机の並べ方にも工夫が必要です。子どもが一列に机に並んで、横に保育者がいるようなレイアウトでは、子どもの口の動きをきちんと見ることができません。できれば、保育者と子どもが向き合うか、それに近いスタイルで、子どもの口をしっかり観察できるような位置に座れるようにしましょう。食事中にはしっかり水分をとるように配慮し、のどに詰まりにくいようにします。そのうえで、最後にお茶を飲ませるなどして、口の中に食べ物が残らないようにすることが大切です。

　最近では、アナフィラキシーショックを起こすほど、重篤なアレルギーをもつ子もたくさんいます。現場で誤食がないよう、アレルギー食を作る人のエプロンの色を変える、トレーの色や座席を変えるなど、目で見える工夫をすることが必要です。

❷ 食べ物の形状に注意する

　子どもの年齢、月齢に応じて、のどに詰まらないような大きさに切ることが必要です。また、子どもが自分で口に入れてしまう危険をあらかじめ想定して、子どもが万が一口に入れてしまったら危険な物は、保育室に持ってこないようにします。食事の時間帯は、保育者も慌ただしく動いてしまうことがあるので、食べ物は確実に調理室で調理師が切り、

保育室にはそのまま食べられる大きさにして持ってくることで、リスクを減らすことができます。混乱しがちな食事時に、保育者がいちいち切らなければ危険な大きさのまま食べ物を保育室に持ってくることは、とても危険だということも知っておいてほしいことです。

> これまでに事故があった食べ物や、食べ物以外のリスト
>
> ●ナッツ類（気管に入ると水分で膨らみ、取り出しにくくなる）
> ●あめ、チーズ、ポップコーン、せんべい、ベビーカステラ、ブドウ、プチトマト、リンゴ、たくあん、生のニンジン、セロリ、もち、白玉団子、うずらの卵、ちくわ、ソーセージ、魚肉ソーセージ、こんにゃく、肉片
> ●スーパーボール、小さなおもちゃ類

❸ 子どもの嚥下発達をきちんと把握する

子どもの嚥下（飲み込み）は、命にかかわる発達です。最近、よく耳にするのが、「幼稚園に入園した3歳児がかまずに、丸飲みする」という話です。ところが、お弁当にプチトマトが丸ごと入っていることがあります。はたして、しっかりかんで飲み込めるのか、保護者とも連携して、その子が何を食べられるかについての情報を共有しておくことが重要です。

また、保育園では、1歳で入園してくる子どもが、家庭で母乳しか飲んでいないというケースも増えています。保護者が「母乳だけ飲ませていれば大丈夫」と思い、そのまま1歳を過ぎてしまったという例です。そういう場合は、離乳食をやり直す必要があります。入園前に食事の様子を詳細に聞いておくことが重要でしょう。また、アレルギーの心配もあるので、園では、子どもが家庭で食べたことがある食べ物、食べられた食べ物しか出さないことも大切です。

❹ 急がせない

特に3歳以上の子どもにありがちなのですが、子どもが時間通りに食べられないからといって、「急いで食べて！」とせかしている場面に出会うことがあります。子どもに「急いで」とせかすことはとても危険です。なぜなら、年齢が上の子どもでも、窒息の危険は同じようにあるからです。たとえば、「うずらの卵」はとてものどにつまりやすい形状で危険ですが、これまでには小学校4年生の子がのどに詰まらせて窒息した事例があります。ふざけて口いっぱいに食べ物を入れたり、競争して食べたりするようなこともとても危険なので、避けるようにしなければなりません。

（3）水あそび／3歳以上／水の事故

❶「水あそびでも……」は危険

3歳以上の子どもの事故で最も多いのが、園内のプールを含む水あそびです。水あそびは、夏ならではの楽しい季節のあそびですが、それ以上に危険をはらんでいます。簡単なあそびではないことを、職員間で共通認識としておくことが重要です。よく、「別の活動をするはずだったが、準備が間に合わなかったのでプールにした」というときに事故が起きています。一般的に「予定を変えるとき」には事故が起こりやすいのですが、それをわざわざ最も事故が多いプールにすれば、事故のリスクは当然高くなります。

❷ 10cmの深さの水でも子どもはおぼれる

プールに限らず、子どもは10cmの深さであっても「水」があれば、おぼれることがあります。家庭も含め、風呂場、排水溝、トイレ、洗濯槽などで事故が起きています。「水」は、子どもにとってはとても危険であることを考えて、園の中に、子どもが一人で水に触れてしまう場所がないかどうか、環境のチェックをしていくことが必要でしょう。

❸ おぼれるときには静かに沈む

よく、テレビドラマやアニメなどを見ていると、おぼれている人が「助けて！」と叫びながら、バシャバシャと水しぶきをあげているような場面に出くわします。しかし、これはフィクションです。実際には、おぼれるとき、人は静かに沈んでしまいます。意識を失って、水の中に沈んでしまうことが多いのです。中には、プールの中で熱性けいれんを起こしたという事例もあります。「子どもがおぼれるときは静かだ」ということを知っておいてください。

❹ プールには必ず「監視」する人をおく

　プールの監視をする人は、何をすればよいのでしょうか。おぼれるときは静かなので、気づかないうちに水の底に沈んでしまっているかもしれません。ですから、監視する人は、おかしな動きをしている子がいないかを監視し続けることが必要です。つまりは人数確認です。もし、監視者を確保できない場合には、前述のとおり、無理にプールあそびをすることはあきらめ、別の活動に振り替えることも必要になってくるでしょう。

❺ 子どもの体調や水の深さに注意

　プールに入る日には、子どもの体調には特に気をつけましょう。熱がないかどうか、普段以上に疲れていないか、寝不足ではないかなど、保護者にも協力を求めて把握しておくことが必要です。プール事故の中には、振り返ってみて水が深すぎたのではないかと思われるような場合も多くあります。50cm以上もの深さにする必要はありません。深くても30cm程度で十分でしょう。

❻ 園外保育の水あそびには「下見」が必須

　園外保育でも、死亡事故が起きています。特に、川あそびは危険です。お泊まり保育はなぜか梅雨時に行われることが多いのですが、梅雨末期の大雨にあうこともあります。水あそび、川あそびをするなら、時期を改めることも考えてみる必要があるでしょう。「うちは毎年同じ場所でやっているけれど、これまで事故がなかったから、今年も大丈夫」といった考え方は、自然に対しては通用しません。下見は必ずていねいに行い、もし当日、天候がよくない場合には行事の変更も決断しなければなりません。

　また、川あそびなどでは必ずライフジャケットを着用することも忘れないようにしましょう。ライフジャケットもいろんな種類がありますが、体の前身頃と後ろ身頃を足の下を通してつなぐひもがあるタイプにしないと、脱げて流されてしまうことがあります。ライフジャケットの仕様にも注意することが大切です。園だけでやることは考えず、地域の冒険NPOのような子どもの野外あそびに実績のある団体など、専門家の協力を仰ぐことも必要になってくるでしょう。

（4）治療に1か月以上かかるケガへの対策

❶ 347件のデータから見えてきたこと

園で気をつけたいのは死亡事故だけにとどまりません。大きな後遺症を残したり、傷が残ったりするような大ケガは、死亡事故と同じく避けたいものです。では、実際に「大ケガ」はどのように起きているのでしょうか？　それを知るために、内閣府発表の「特定教育・保育施設等における事故情報データベース」について、分析した結果を紹介します。このデータベースは、「治療に1か月以上かかった事故」について、事故が起きた園から情報を届け出ることを義務付けたうえで作られたものです。そのうち、内閣府が2016年3月31日にはじめて公表した461件のデータの中から、学童保育に関する114件をのぞいた、0～5歳の子どもに関する347件の事故について分析してみました。＊

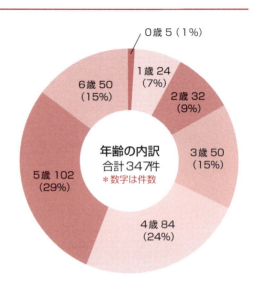

死亡事故は0歳、1歳、2歳の順に多いのですが、ケガは逆に6歳、5歳、4歳が多いことがわかりました。つまり、3歳以上は大きなケガに注意することが必要です。

また、治療に1ヵ月以上かかった事故のうち、最も多かったものは「骨折」で、全体の75％を占めていました。次に多かったのは「歯」のケガで、全体の10％。3番目に多かったのは、数自体は少なかったのですが「けいれん」でした。

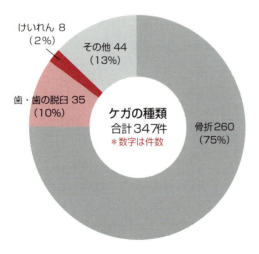

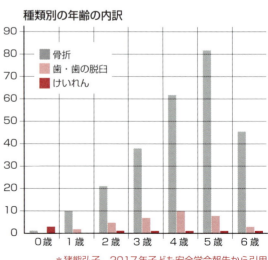

種類別の年齢の内訳

＊猪熊弘子　2017年子ども安全学会報告から引用

❷ 347件のデータの共通点

時間帯

　一人ひとりの子が好きなあそびを、好きなところであそんでいる時間帯に多く起きています。登園後から朝の集まりまで、あるいは、昼食前後、降園前などです。保育園なら午睡明けや、延長保育に入る頃もそうです。事故が起きた後、保育者から「見ていなかった」「制御できなかった」という言葉がよく出てきます。この時間帯のあそびは、子どもの動きがさまざまで、保育者も入れ替わりがあるので、見守りが大ざっぱになりがちです。「子どもを放置していた」とみなされてしまう場合もあります。こういう時間帯こそ、職員の連携が重要です。また、担任以外の保育者など、ふだんその子とやり取りが少ない保育者が保育にあたっているときもケガが多いです。

事例1　認可保育所　2歳児7名を2人で保育

10:10
- 保育室の横にある園庭で、子どもたちがすべり台などであそびはじめた。
- 園庭のフェンスの端に保育士の自転車が置いてあった。
- フェンスのカギを触ってあそんでいる女児がいたので、保育士が一度注意に行く。

10:30
- まだ女児があそんでいるので、もう一度見に行ったとき、フェンスの端に置いてあった自転車が倒れていた。
- 自転車を起こしていると、女児が頭を押さえており、見てみると血が出ていた。自転車が倒れたときに、本児の前頭部に当たったようだった。
- 本児は泣かず、保育士とも会話を交わし、意識もしっかりしていた。出血はすぐに止まったが、2cmくらいの傷になっていたので、すぐに病院へ連れて行った。
- 診断の結果は、頭蓋骨骨折。

＜検証＞
- 自転車が転倒したとき、保育士はすべり台の傍にいたため気づかなかった。
- 保育士2名のうち、1名はすべり台で他児を見ており、もう1人の保育士は園庭と部屋の間で園児を見ていた。

人数

多くの子どもを1人の保育者で見ていたときに事故が起きているケースが多いです。実際に1人で何人の子どもを見ていたときに事故が起きていたかを聞き取ると、5歳児クラス26名、5歳児クラス23名、4歳児クラス27名というような例もあります。これは国の最低基準内での配置ですが、やはり20人を超えると事故が多くなります。

子どもの姿

子どもが自分で決めたあそびではなく、行事の練習など、保育者主導で進める活動も事故が起きやすいです。「やりたくないなあ」と思いながら活動していると、集中力が切れて、思わぬケガにつながります。子どもの発達過程、その日の体調などを見極め、子ども自身が主体的にその活動に向かえるか、子どもの意思を確認しながら進める配慮が重要です。子どもが自分で「○○をしよう」と決めた活動では事故は起きにくいものです。

事例2 認可保育園　4歳児36名／運動会の練習

9:30 ・園庭にて、クラス全員（36名）で、鉄棒、平均台、跳び箱、ハードルの練習。

10:00 ・保育室に戻り、歌の練習。

10:30 ・再び園庭で、クラス全員による、園庭での鉄棒、平均台、跳び箱、ハードルを使用した運動を実施した際に、女児（4歳）がハードルに足を引っ掛け、両手をついて転倒。
・すぐにかけ寄り、抱き起こしたが、左足を非常に痛がったため、園舎テラスまで、先生が抱きかかえ移動した。
・左足がはれ上がってきたため、園長へ報告をするとともに、救急車を手配し、病院へ搬送した。病院へは連絡を受けた保護者、保育者、副園長が同行。
・診断の結果、左大腿部を骨折。
・後日、2週間の入院。2週間後、入院期間延長。

＜検証＞
・本児は、自ら意欲をもって、取り組んでいたのだろうか。疲れて、集中力が切れていたのではないか。
・園庭で練習した後、室内で、歌を練習し、再び園庭で練習というスケジュールが子どもに無理を強いてはいなかったか。

column

安全面で気になる3つの案件

　さまざまな相談を受けていると、死亡事故や大ケガだけではなく、今後、安全面で心配になってくる可能性が高い案件があることに気づかされます。特に気になる案件が3つあります。

①感染症
　インフルエンザ（脳症）、ノロウィルス、O-157などの出血性大腸炎、B型肝炎、麻疹などの感染症です。感染症を園に持ち込まないために、子ども、保護者はもちろん、保育者もきちんと予防接種を打って抗体をつけておくことが必要です。その中で、予防接種を打たせない保護者や、治療をしない保護者にどう対応するかという問題があります。特に、治療をしない保護者は、ネグレクトの可能性があることも考え、保健センターや児童相談所なども交えて対応していった方がよいでしょう。

②発達に課題をもつ子ども
　発達に課題をもつ子どもとして、今、増えているのは、小さく産まれた子ども、早く生まれた子どもたちです。心肺機能が弱かったり、嚥下機能が十分ではなかったりする場合もあります。小児医療技術の向上で、驚くほど小さな子どもでも無事に育つようになったことはとてもすばらしいことです。しかし、その子どもたちをきちんと預かる体制ができているでしょうか。ゆっくり成長する子どもをみんなで大切に育てていくために、行政やかかりつけ医、保健センターなども巻き込んだ体制を作っていくことが必要です。

③アレルギーのある子ども
　保育園でのアレルギーによる死亡事故は報告されていませんが、重篤な事故は起きています。アナフィラキシーレベルの子どもも普通に園に通うことが増えている中で、誤食への対応と同時に、エピペンなどアレルギーによるショックへの対処についても園できちんと練習しておかなければなりません。食品成分表示に入っていないものが入っていて、アナフィラキシーを起こした事例もあります。
　アレルギーをもつ子どもの保護者の中には、ステロイド治療を拒否する人もいます。子どもはかゆみに耐えられず、時には皮ふをかき崩してしまって血が出てしまっているようなこともあります。そういった状況が、血を介在する感染症へつながる危険もあります。治療をしない保護者への対処と、子どもへの適切な対応が必要です。

園の安全管理システム

保育中の事故は、「組織全体の事故」と言われています。
自園の安全を保つためにどのようなシステム作りが必要なのでしょう。
いくつかのキーワードを挙げて紹介します。

コンプライアンス（法令遵守）と
　　ガバナンス（組織の正しい運営）

●**事故が起きた現場の傾向**

　事故が起きた現場の運営を振り返ってみると、園長や理事長など、少数の人がすべてを決定し、職員はただ指示に従うような組織運営が少なくありません。中には、権力を持っている人に職員を同じ保育の仲間として尊重する気持ちがなく、主従関係のような雰囲気になっている現場もあります。このようなガバナンスがなされていない現場では、職員が気づいたことがあっても、発言する機会も聞いてもらえる雰囲気もありません。そうなると、建設的な意見を出そうとは思わなくなり、安全に対する意識も低くならざるをえません。

●**一人一人の考える力を高めるために**

　逆に園長や主任など、リーダーの中には、保育経験の浅い保育者や若い職員が離職しないようにと、「わたしの言うことだけをやっていればいい」とか「あまり考え込まなく

ていい」と言葉をかける人がいます。確かに、最初はリードが必要かもしれませんが、いつまでもリードし続けることは、一人一人の考える力を奪ってしまうことになります。考える力をもたないと、なにかことが起きたときにも、自ら考えて、判断して動くことはできません。

だからといって、やみくもに「考えて」と突き放すだけでは、相手は戸惑うだけです。「今度は、自分でどうするか、考えてみて」とつないだ後のフォローが大切です。どう考えたのかを聞き、一緒に考えていくかかわりを繰り返すことが求められます。

これは、ベテラン層に対しても同様でしょう。長年のやり方を変えることは双方にとって大変でしょうが、やはり一緒に考えていくことが、安全への意識を高めていきます。ガバナンスとは、「組織の正しい運営」を指しますが、言い換えれば、「職員みんなで子どもの命を守るために考えること」なのです。

誰もが気づいたことや感じたことを発言できるように、日頃からスムーズなコミュニケーションを図ることも大切です。

＊具体的なトレーニングについては「第3部 危機管理意識を高めるトレーニング」で紹介しています。

●コンプライアンスとは

保育所において、最も重要なコンプライアンスは「保育所保育指針」です。平成30年の改訂で、はじめて「くう・ねる・水あそび」に関する内容が加えられました。保育所保育指針は、厚生労働大臣告示として定められた、いわゆる法令です。各保育所は、保育所保育指針の内容を踏まえた上で、自園の状況にあった工夫をして保育を行うとともに、保育所の機能や保育の質の向上に努めなければなりません。ですから、もし、保育所保育指針を軽んじているような場合は、それは、コンプライアンスに違反しているとみなされます。

ワンポイント Memo

保育所保育指針改訂に際して新しく加えられた該当内容
第3章 健康及び安全 3 環境及び衛生管理並びに安全管理 （2）事故防止及び安全対策
　事故防止の取組を行う際には、特に、睡眠中、プール活動・水遊び中、食事中等の場面では重大事故が発生しやすいことを踏まえ、子どもの主体的な活動を大切にしつつ、施設内外の環境の配慮や指導の工夫を行うなど、必要な対策を講じること。

気づきのアンテナ

●複数の気づきが事故を未然に防ぐ

　保育中の重大事故は、一人の保育者が失敗をしたから起きるというものではありません。いろいろなことが積み重なって重大事故に至っています。保育中の事故を「組織の事故」と捉えるわけは、ここにあります。

　このことをわかりやすくした図が「スイスチーズ・モデル」と呼ばれるものです。イギリスの心理学者ジェームス・リーズンによって提唱されました。1枚1枚のチーズが一人一人の保育者や職員であり、それぞれの場面を指しています。もし、チーズに空いている穴が同じ位置でなければ、危険の矢印は通過を遮られます。

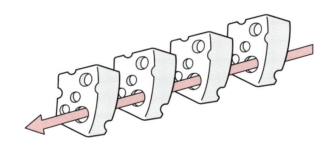

　例えば、本誌「第2部　重大事故に学ぶ防止策」で取り上げている白玉団子による窒息事故を振り返ってみましょう。いくつもの穴が重なることで、事故が起きたことがわかります。もし、この中の一つでも「大丈夫だろうか」という気づきがあれば、事故は未然に防げたかもしれません。

---

①給食会議で白玉団子の扱いについて、1/4、あるいは1/8に切った状態で提供すると決めたが、そのことは会議に出席した人しか知らなかった。
②事故を起こした園は、栄養士が異動になり、新任の栄養士に①の内容の申し送りがなされなかった。
③赴任してきた新しい栄養士は、それまでの職場が小学校の調理室だった。
④過去2回、丸ごとの形状で提供していたが、事故が起きなかった。
⑤事前に園長と主任が検食しているのに、気にしなかった。
⑥子どもが食べるときの保育者の位置が子どもの正面ではなく、真横だったため、様子の異変に気づくのが遅れた。

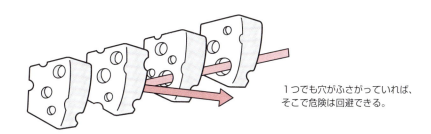

1つでも穴がふさがっていれば、そこで危険は回避できる。

　保育現場では、子どもへの愛情や、保育理念への理解は共通であっても、感じ方まで同じにする必要はありません。むしろ、いろいろな感性で保育を行うことが、たくさんの気づきにつながります。「どうしてそういうふうに感じるのだろう」と考えたり、聞いたりすることで、職員同士の理解を深めるとともに、安全への意識も高まるのです。

● リスクマネジメント委員会

　いくら「みんなで考えよう」と声をかけても、時間や環境がととのっていないと実行には至りません。例えば、P.38で紹介している南つくし野保育園の「安全部会」のような安全を考える仕組みを作ることが必要です。どんな小さなことでも、取り上げられるシステムを作ることで、一人一人の気づきのアンテナも磨かれていきます。固定のメンバーにせず、ローテーションで誰もが参加することも重要です。できることなら、正規・非正規の立場を超えて、園にかかわるすべての人が参加できる仕組みをととのえましょう。短時間しかいない人のほうが、ほかの人とは違った視点で気づくことがあります。

　また、自園の「常識」を振り返ってみるのも、委員会の大事な仕事です。「まあ、いいか」「今まで大丈夫だった」といった思い込みが事故につながるからです。思い込みをいったん捨てて、新たな気持ちや目線で検証してみると、必ず新たな気づきに出会うはずです。

ワンポイント Memo

都下A区（公立園）の実践
園ごとの判断で安全管理に対応したチームや委員会を設置しています。また、区の地域ブロックごとに安全委員会が設けられ、行政側と各園の担当者が参加して交流・研鑽を重ねています。例えば、A園の場合は、保護者と一緒に園周辺のハザード・マップを作りました。

都下A市
園での重大事故対策や安全管理に関する外部講師を招いた園内研修を年2回、各1時間程度行うとともに、各園で安全管理を専門に考える「チーム」や「プロジェクト」を立ち上げています。

基礎知識　園の安全管理システム

安全マニュアル

●オンリーワンのマニュアル作り

　安全マニュアルの内容を職員全員が把握していますか。実は、「園長しか知らない」という園も少なくありません。インターネットで見つけたマニュアルのたたき台をそのまま使っていたり、複数園を運営している法人が同じものを使っていたり、行政が作ったものを検証することもなく使っているケースもあります。

　しかし、園の環境や状況は、みんな違います。ベース案があっても、自園で加えるもの、該当しないものがないか、訂正する表現はないかなど、見直すことが大切です。安全マニュアルはたった1つ、オンリーワンであって、はじめて活用できるのです。

「ふだんは金庫に入れてある」という園も。

●ガイドラインを参照

　マニュアルを作るときは、「くう・ねる・水あそび」のときやアレルギーのときにどうするかなど、事故防止のガイドラインに挙げられている項目、事故発生時の対応のガイドラインを熟読して、自園ならどうするかを話し合いましょう。

●作りっぱなしにしない

　園を取り巻く環境や子どもの状況が毎年同じということはありません。作成したマニュアルがきちんとリンクするように、1年に1回は見直すことが重要です。けっして作りっぱなしにしないように、管理し、内容の更新を図っていくシステムを作りましょう。

＊実践例をP.38の「実践から学ぼう」で紹介しています。

column

必ず参照したい「ガイドライン」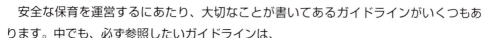

　安全な保育を運営するにあたり、大切なことが書いてあるガイドラインがいくつもあります。中でも、必ず参照したいガイドラインは、
「特定教育・保育施設等における事故防止及び事故発生時の対応のガイドライン」
「保育所におけるアレルギー対応のガイドライン」
「保育所における感染症対策ガイドライン（2018年改訂版）」
そして、
「保育所保育指針」
「幼保連携型認定こども園教育保育要領」です。

　平成30年4月に施行された「保育所保育指針」と「幼保連携型認定こども園教育・保育要領」の第3章の「健康及び安全」では、従来の内容に新たな内容が大きく追加されました。例えば、「1 子どもの健康支援」「2 食育の推進」では、アレルギー対応について書かれています。また、「3 環境及び衛生管理並びに安全管理（2）事故防止及び安全対策」には、「睡眠中、プール活動・水遊び、食事中等」の場面について、ふれています。園内研修などの機会に、改めてみんなで読み合わせをするなど、安全管理について職員間で意識を高める機会を設けてください。

ホームページアドレス

「特定教育・保育施設等における事故防止及び事故発生時の対応のガイドライン」
http://www8.cao.go.jp/shoushi/shinseido/law/kodomo3houan/pdf/h280331/guideline-1.pdf

「保育所におけるアレルギー対応のガイドライン」
https://www.mhlw.go.jp/bunya/kodomo/pdf/hoiku03.pdf

「保育所における感染症対策ガイドライン（2018年改訂版）」
https://www.mhlw.go.jp/file/06-Seisakujouhou-11900000-Koyoukintoujidoukateikyoku/0000201596.pdf

「保育所保育指針」
https://www.mhlw.go.jp/file/06-Seisakujouhou-11900000-Koyoukintoujidoukateikyoku/0000160000.pdf

「保育所保育指針解説」
https://www.mhlw.go.jp/file/06-Seisakujouhou-11900000-Koyoukintoujidoukateikyoku/0000202211.pdf

「幼保連携型認定こども園教育・保育要領」
http://www8.cao.go.jp/shoushi/shinseido/law/kodomo3houan/pdf/seisyourei/h260430/c1-2-honbun.pdf

「幼保連携型認定こども園教育・保育要領解説」
http://www8.cao.go.jp/shoushi/kodomoen/pdf/youryou_kaisetsu.pdf

実践から学ぼう

「安全な保育」について、具体的にはどんな取り組みができるのでしょうか。
「教育・保育施設等における事故防止及び事故発生時の対応のためのガイドライン」(平成28年3月作成／以下、「ガイドライン」) に則り、園の状況に合った取り組みを工夫した実践例を紹介します。

現場での試み

南つくし野保育園
（東京都町田市）

みんなで考える

■安全部がリード

　南つくし野保育園には、危機管理について職員で運営する「安全部」があります。安全部は、さらに、防災課、ヒヤリハット課、マニュアル整備課に分かれ、全職員の約半数のスタッフがかかわります。防災課は、災害に備えた避難訓練や備品管理、施設点検を行います。ヒヤリハット課は、各クラスから提出されるヒヤリハットを集計し、傾向を捉えたり、対策を提案したりします。マニュアル整備課は、散歩や遠足、園内のさまざまな場所についての安全点検を行い、マニュアルとして整えます。

　渡邉知恵園長は安全部について、「安全部全体の運営にかかわる部長は、あまり交代しませんが、実働隊になるスタッフは、常勤・非常勤を問わず、全職員が対象です。常勤職員だけがわかっていても仕方がありません。園にかかわる全員で考え、意識を高めていくことが大事だと思っています」と語ります。また、「実際、危機管理についてみんなで考えることで、安全意識が高くなるので、事故件数は少ないです」とのこと。そうした実績は、一朝一夕になされたものではなく、地道な検証や確認、試行錯誤を経ながら、積み重ねられていきます。

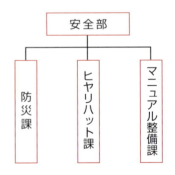

■昼礼で共有する

　南つくし野保育園では、午睡時間を利用した「昼礼」を毎日10分程度行っています。昼礼には、園長または、副園長、主任、各クラスの代表、栄養士、看護師が出席し、それぞれ必要事項を報告し合いますが、例えば、午前中の散歩に出掛けた保育者から、「○○公園のブランコが工事中」とか「○△公園でケムシが発生している」といった最も新しい情報がもたらされることがあります。こうした情報は、昼礼に出席した代表者を通して全職員に周知され、共有が図られ、報告内容によっては、翌日の活動予定を変更することもあります。

お散歩マニュアル

■生まれた背景

　14年前に新設園として開園した当初、新卒の保育者から、ほかの現場で経験を積んだベテランまで、それぞれが自分の経験値に基づく散歩を行い、気づく場面や箇所もばらばらでした。そこで、だれもが同じ目線で気をつけることができる、南つくし野保育園の安全な散歩を考えるプロジェクトが動き出しました。

　広い公園では、どこに保育者がいたら、全員の子どもを見落とすことがないかを、子どもの動きを想定しながら保育者同士で考えることができれば、安全な見守りにもつながります。だれかに言われて守るのではなく、保育者自身が気づき、考えるからこそ、マニュアルは生きてきます。最初は主要な公園から始まったマニュアルは、その後、保育者の提案や気づきによって、どんどん増えていきました。

■「お散歩マニュアル」の基本

　「園庭が広くないので、毎日のように散歩に出掛ける」という南つくし野保育園では、すべての散歩コースについて、それぞれの行き方、散歩コースで気をつけたいことなどを写真で示した「お散歩マニュアル」を作っています。

　散歩は、「お散歩マニュアル」があるコースのいずれかを選び、散歩日誌に行き先や出発時間、人数、持参する携帯電話などを書いてから出掛けます。

　「お散歩マニュアル」の活用ルールを箇条書きで紹介しましょう。例外を作らず、マニュアルを遵守することが、安定した安全な散歩につながります。

①行き先を変えるとき	出掛けてみたら、コースの途中で工事が始まっていたなどの理由で行き先を変えるときは、先に園に電話をして、「○○に行くと書いたけれど、△△へ行きます」と報告してから動きます。
②行ったことがない場所に出掛けたいとき	今まで行ったことがない場所を散歩したい場合は、まず、保育者が実際に歩いて写真を撮り、新たな「お散歩マニュアル」を作ることから始めます。「お散歩マニュアル」の作り方については、別途にまとめてある「お散歩マニュアルの作り方」に添って作ります。
③マニュアル内容を常に点検	すでにある「お散歩マニュアル」も1年に1回定期的に、安全部のマニュアル整備課のスタッフが内容を確認します。また、散歩に出掛けた保育者からの報告で、マニュアルを更新することもあります。ただし、「昼礼」の項目で紹介したような一時的な変更については、その都度マニュアルを作り替えることはせずに、口頭で情報を共有します。

■「お散歩マニュアル」①
低年齢児向けのマニュアル

　P.41の「Aエリアお散歩マニュアル」は、低年齢児が園周辺をぐるっと歩いてくるコースの1つです。このマニュアルができるまでは、散歩に行く前に「園周辺に行ってきます」と言って出掛けていました。ところが、「園周辺」だけでは、緊急事態が起きたときに園周辺のどこにいるのか見当がつかず、迅速に助けに行くことができません。

　携帯電話を持っているのですが、子どもにかかわっていると、意外に気づきにくいものです。急用ができて、保護者が迎えに来たとき、もし、携帯電話がつながらなくても、どこにいるかを把握できていれば、職員が直接出向いて知らせることができます。

　そこで、園周辺のエリアを4つに分け、それぞれに「お散歩マニュアル」を作りました。エリア分けの地図も一緒にファイルして、全職員で情報を共有できるようにしています。

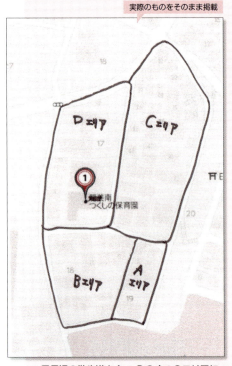

実際のものをそのまま掲載

園周辺の散歩道をA～Dの4つのエリアに分けた地図

■はじめて作るときも戸惑わない配慮

　P.41では、実際の「お散歩マニュアル」とあわせて「お散歩マニュアル」を作るときのポイントを紹介しています。このポイントも、実際には「散歩マニュアル作成マニュアル」として1枚の文書にまとめられているので、はじめて作成する保育者も戸惑うことなく作成することができます。

第1部 みんなで知っておきたい
危機管理の基礎知識

作成時のマニュアルを抜粋　　　　　　　　　　　　　　　実際のものをそのまま掲載

「お散歩マニュアル」を作るときのポイント

Aエリア お散歩マニュアル

南つくし野保育園
平成29年6月6日現在　作成者：森岡

＜施設情報＞
★〒194-0002　東京都町田市南つくし野2-17-1
★TEL：042-788-5228
＜ルート＞
所要時間：徒歩15～20分程度（0 1歳児ペース）

①  → ②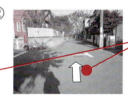

園を出て右手前の道を渡る。
※車や段差に注意。（☆の所）

T字路を渡る。○の所で一旦停止し、安全確認。

③  → ④

まっすぐ進む。
※段差や水はけ用の穴があり注意。（☆の所）

車が曲がってくる可能性があるため、○の所で一旦停止し、安全確認。

側溝 →

⑤  ⑥

公園横に側溝。左側に駐車場（しゃり）がある。
※柵は幅が広いので転落に注意。（☆の所）
※駐車場があるため、車に注意。（□の所）

右に曲がる。
※アパートの近くによくバイクが止まっているので気をつける。

- マニュアルを変更した場合は、○月△日改訂と書き換える。
- 矢印やマークを使いながら、方向やポイントを分かりやすく説明する。
- 短い文章で、簡潔に説明できるようにする。
- 写真は同じ大きさで添付する。写真の大きさは、56×42mmが見やすい。
- 実寸の写真 56×42mm
- 歩行時の注意事項や、その土地の危険個所などを記載しておくとよい。

■「お散歩マニュアル」② 公園への散歩

　P.45まで4ページにわたりますが、実際のマニュアルをそのまま紹介します。公園までの行き方のほか、公園での保育者が立つ位置、公園内の遊具、危険箇所についてもポイントが簡潔にまとめられています。

　ただし、「マニュアル通りに行っていれば、必ず安全」と思い込むのは、間違いです。例えば、公園内で保育者が立つ位置が記載されているからといって、必ずその場所に立たなくてはいけないということではありません。あくまでも、目安です。従って、目の前の子どもの育ちを踏まえ、子どもの動きを予測した上で、マニュアルを活用することが大切です。

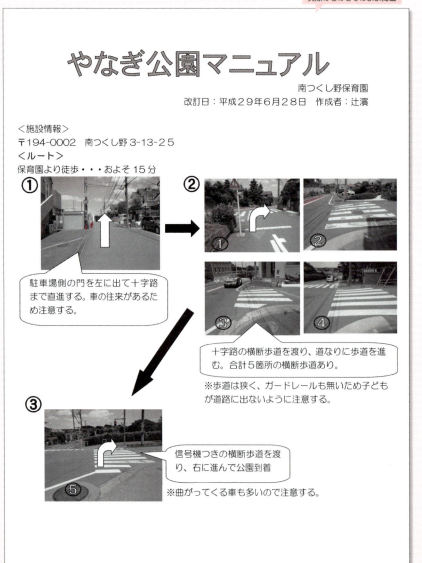

実際のものをそのまま掲載

第1部　みんなで知っておきたい
危機管理の基礎知識

実際のものをそのまま掲載

<公園見取り図>
●トイレ：なし
●水道場：2箇所あり（怪我、手洗い時のみ使用）

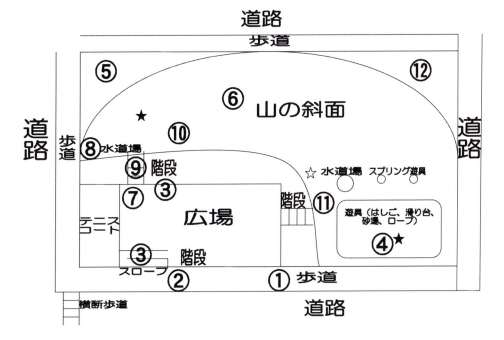

★保育士の基本立ち位置（3人体制　☆はフリー職員の配置）

<危険箇所>

①

公園の周囲は道路なので子どもたちの動きに注意。

②

スロープは子どもだけで降りないように注意。

③

落ちると危ないので、階段の手すりに子どもが登らないよう注意。

④

遊具は滑り台やはしごがあるため見守りが必要

実際のものをそのまま掲載

5 公園の横は道路で、フェンスも無いため子どもが飛び出さないよう注意する。

6 登っても良いが、段差が高いため注意する。

7 テニスコート使用中に門が開いていることがあるので注意する。

8 公園の横の看板周りは岩なので、登って落ちないように注意する。

9 階段部の木の囲いは子どもたちが入って遊ぶことがあるので見守りが必要。

10 植え込みは滑りやすく、子どもが隠れて遊ぶ時には見守りが必要。

11 階段横の石垣は壁づたいに歩けるスペースがあるが、危険なので歩かない。

12 所々に道路に繋がる抜け道が多いので、注意深い見守りが必要。

【遊具について】

●遊具の上に昇り降りするのは計3カ所。年齢によって見守りが必要。

●滑り台は一つ。逆から登らない。　●砂場あり。犬猫の糞尿などに気を付ける。

●スプリング遊具あり。バランスを崩して落ちないよう気を付ける。

<注意事項>
- 公園の周囲は一般道路なので、子どもたちが公園から出て行かないように注意する。
- 山の斜面は木の根が地面から出ているところもあるため注意が必要。

基礎知識　実践から学ぼう……南つくし野保育園

ヒヤリハット

■集計して分析する

「ヒヤリハットがない日というのはあり得ません。もし、そんな日があったとしたら、それは保育士の感覚が鈍いということでは」と語る渡邉知恵園長。南つくし野保育園の「ヒヤリハット」は毎日の記入を前提にした書きやすく、集計しやすい書式です。

各クラスの場合　記入から集計、分析、報告までの流れ

① 毎日の抽出と報告
毎日必ずヒヤリハットを抽出し、当日、または翌日の昼礼で報告。
※実際に記入された内容を元にした一覧表例（「ヒヤリハット一覧表」）をP.48で紹介しています。

② 各クラスで１か月分のヒヤリハットを集計
曜日、時間帯、場所、発生要因、内容別に集計する。
※実際のグラフを元に起こした「ヒヤリハット集計表」をP.49で紹介しています。

③ 振り返り
・「いつが多いか」「どこで多いか」の傾向を捉える。
・集計表の「今月のヒヤリ傾向」欄に記入。
・職員会議に出席しない非常勤職員とも情報を共有するためのヒヤリハットマップに印をつける。

④ 改善や対応策の話し合い
話し合った内容をまとめ、集計表の「改善・対応策」欄に記入。

⑤ その対策後の変化
翌月末に１か月間の様子を振り返り、話し合った内容をまとめ、「対策からどうなったのか」欄に記入。

⑥ 職員会議で報告
クラスごとに集計結果や振り返りを発表し、みんなで情報を共有する。

延長保育の場合

ヒヤリハットを抽出し、延長日誌に記入。記載内容は翌日の昼礼（P.38で紹介）で報告。

■ヒヤリハットマップ

0、1、2歳児、幼児クラスで印を色分けして、ビジュアル化したヒヤリハットマップは、スタッフルームの壁に掲示してあります。

＊下図では、○◎●■で区別して紹介しています。

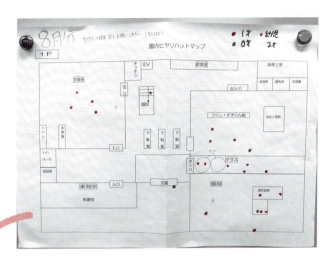

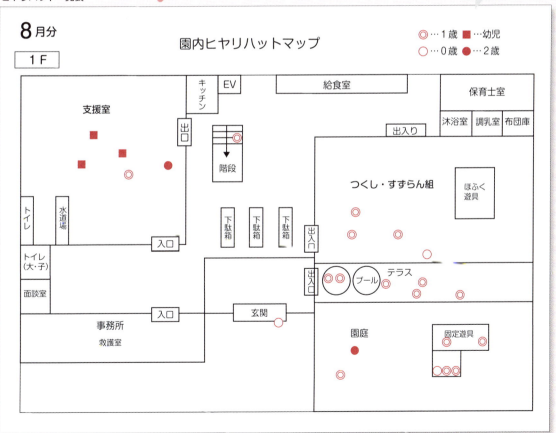

基礎知識 実践から学ぼう …… 南つくし野保育園

ヒヤリハット一覧表

平成30年度 7月ヒヤリハット一覧表　〇〇組

現物をもとに新たに制作

日付	時間	場所（どこで）	対象（何が）	誰が	状況（どうした）		改善（どうしていくのか、またはどうするのか）	担当者	昼礼担当者
7/2（月）	11:20	01保育室	Мちゃん	物・保・㊑	ラックに1人で乗って座る。	3	ラックに上らないよう、違うあそびに誘いかける。	Y	I
7/5（木）	11:00	洗面所（01クラス）	泡タイプの石けん	㊧・保・子	手洗いの際、手のひらに泡を出しておけると、そのまま口に付ける子がいる。	4	目線を同じにして、泡を一緒にゴシゴシしたり、流すまでしっかり見守ったりする。	A	A
7/9（月）	10:15	園庭	Мちゃん	物・保・㊑	1歳児との時間差がなく、部屋の出入り口で混み合う。	7	外の職員と連携しながら、時間を調整する。個々の対応をしっかりしていく。	Y	A
7/11（水）	10:30	01保育室	Aちゃん	物・保・㊑	椅子を押して移動する。	3	椅子を片づけることを少しずつ伝えていく。	Y	Y
7/17（火）	9:30	01保育室	かご	㊧・保・子	おもちゃの入っているかごが壊れる	8	撤去する。玩具チェックの際、入れ物も確認する。	Y	Y
7/18（水）	10:15	テラスプール	Kちゃん	物・保・㊑	たらいに手をかけ、バランスを崩しそうになる。	3	子どもの動きを見守りながら、身体を支えたり、手を貸したりして安全にできるようにする。	A	A
7/23（火）	8:15	1歳児側ままごとコーナー	Мちゃん	物・保・㊑	おもちゃのスプーンで他児をたたく。	7	トラブルになる前の様子を見守り、思いをくみ取る声かけをしていく。	T	A
7/25（水）	10:45	園庭	子ども	物・保・㊑	日が差してきて、暑くなり、熱中症を心配する。	7	その状況に合わせて対応していく。	S	S
7/27（金）	12:00	01保育室	Cちゃん	物・保・㊑	昼食時の種が散らばりやすい。小麦除去で危険。	4	食べる環境（場所）を工夫する。	Y	T

★対象 → 物（環境にかかわるもの）（保）（保育士にかかわるもの）　子（子どもにかかわるもの）
★状況 → 1.かみつき　2.引っかき　3.転倒・転落　4.誤飲　5.誤配膳　6.破損　7.人的環境　8.物的環境（園内）　9.施設不備（園外）

第1部 みんなで知っておきたい
　　　危機管理の基礎知識

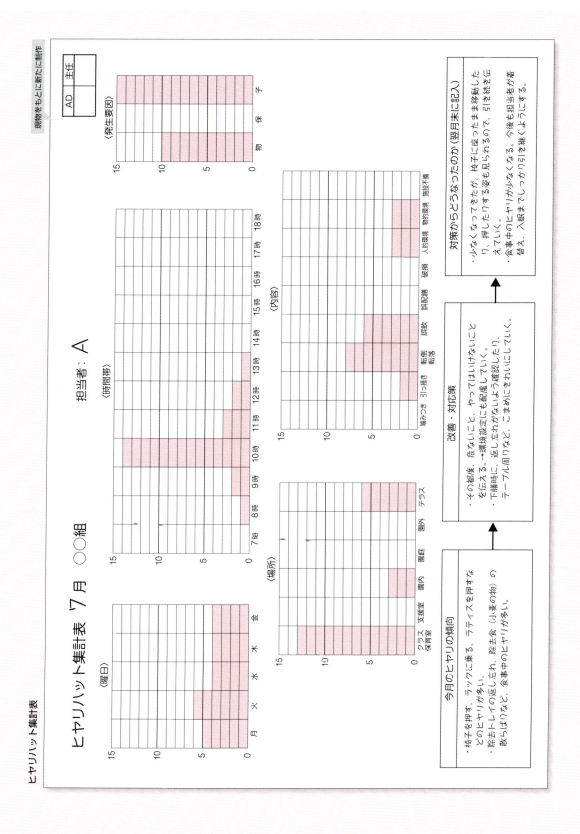

園内安全マップと園内・園庭チェック

■園内安全マップは全員必携

　南つくし野保育園の「園内安全マップ」は、玄関周りから、保育室はもちろん、階段、テラス、併設の学童施設まで、みんなで気づいた箇所を出し合い、安全部マニュアル整備課のスタッフが中心になってまとめたものです。鍵が掛かる倉庫はもちろんのこと、子どもたちが好みそうなちょっとしたすき間などにも意識を向け、丁寧に作りました。

　「手間がかかりましたが、だからこそみんなの意識も高まりました。また、作った後は、更新がメインになるので、それほど大変ではありません。やはり、自分たちで気づき、考えるプロセスが大事です」と渡邉知恵園長。見直しは、原則として１年に１回ですが、園内研修などで気づいた箇所を出し合うなど、日常的に確認をし、園にかかわるすべての職員一人ひとりが持っています。

■具体例　「南つくし野保育園　園内安全マップ」

　平成30年４月に改訂されたＡ４判11ページにわたる内容の一部を紹介します。

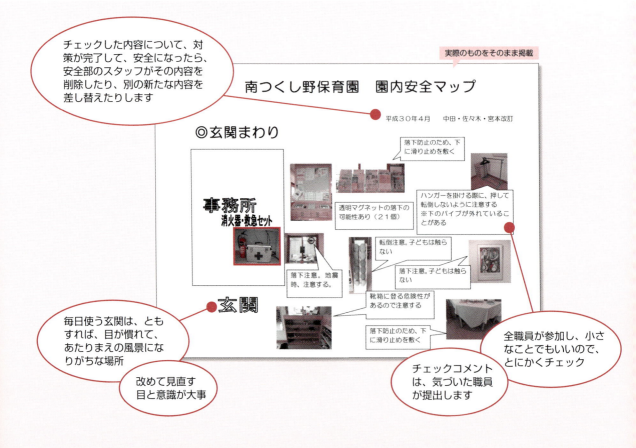

■毎日の園庭チェックと週1回の園内チェック

　「園内安全マップ」とは別に、「園内安全チェック表」に基づいて、毎週土曜日、出勤メンバーが園内をチェックしています。また、園庭については、毎日早番の職員が園庭チェック表に基づいて確認します。それぞれのチェックの手順についても、書面にまとめ、だれもが同じ手順で確認できるように配慮されています。

園庭チェックの手順（毎日）

① 早番職員が所定の用紙のチェック項目に沿って、園庭に異常がないか確認・点検する。

② 目視だけではなく、実際に触れて体験しながら点検する。

③ 異常がない場合は、☑マークを入れていく。不良、または改善が必要な場合は×マークを記入して、「要改善点」欄に不良の状況を記入する。安全管理部へ報告する。

④ 実施者は、不良がある箇所の修理・改善を行い、自分で直せない場合は園長、または主任に依頼する。内容を園日誌、昼礼にて周知する。

⑤ 修理箇所が直った報告を受けたら「完了日」欄に日付と担当した実施者の印鑑を押す。その後に安全管理部に報告をする。

園内チェックの手順（毎週土曜日）

① 早番職員が所定の用紙のチェック項目に沿って、園庭に異常がないか確認・点検する。

② 目視だけではなく、実際に触れて体験しながら点検する。

③ 「良好」と判断した項目は、☑マークを入れていく。

④ 改善点がある場合は、「要改善点」に記入する。翌昼礼で報告する。

⑤ 改善終了後、完了日を記入。

⑥ その場で改善、修理できない場合は園長に報告する。

＊南つくし野保育園で使用している「園内安全チェック表」と「園庭チェック表」を、次頁に掲載しています。

基礎知識　実践から学ぼう …… 南つくし野保育園

園庭チェック表　書式例　　　　　　　　　　　　　　　　　　　　　　　　　　　　　　　　　　　　　現物をもとに新たに制作

南つくし野保育園　園庭チェック表　　　月　第　週

場所	項目	月　日	月　日	月　日	月　日	月　日	月　日	月　日
園庭	大きな石やガラス、くぎ等の危険物が落ちていないか							
	ボールやシャベル、三輪車など玩具が散乱していないか							
	庭に穴がないか							
	階段が壊れていないか							
	ささくれた部分やトゲがないか							
すべり台	手すりはゆるんでいないか							
	実際にすべってみて異常がないか							
砂場	ガラスや釘などの危険物が混ざっていないか							
	砂の量は足りているか							
	砂場に犬・猫の糞尿はないか							
足洗い場	コンクリートやタイルは破損していないか							
	大きな石やガラス、くぎ等の危険物はないか							
植木	虫さされの原因になるような毛虫などが発生していないか							
	刺さってしまうような木や枝はないか							
要改善点								
完了日								
改善箇所対応者								
点検実施者								

園内安全チェック表 書式例 　　　　　　　　　　　　　　　　　　　　　　　　　現物をもとに新たに制作

南つくし野保育園　園内安全チェック表

平成 30 年度　　月　　日実施　　点検担当クラス（0、1、2、幼児）　実施者：（　　　　　　）

◆玄関、廊下および階段

チェック項目	良好	要改善点	対応者	完了日
ガラスにヒビ等の破損は無いか？				
廊下、階段に破損および危険な物は落ちていないか？				
園児、職員用下駄箱に破損は無いか？				
階段の手すりの緩み、破損は無いか？				
展示用丸窓の止め具は緩んでいないか？				

◆0、1歳児クラス

チェック項目	良好	要改善点	対応者	完了日
床や壁に破損は無いか？				
ドアの指つめ防止ゴムや鍵は壊れていないか？				
椅子、机、棚は破損していないか？				
棚の上は整理されているか？				
ほふく遊具に破損は無いか？				

◆支援室

チェック項目	良好	要改善点	対応者	完了日
床や壁に破損は無いか？				
ドアの指つめ防止ゴムや鍵は壊れていないか？				
椅子、机、棚は破損していないか？				
トイレ内のオムツ交換台は正常に動くか？				
キッチンスペースに放置されている物は無いか？				

◆2歳児クラス

チェック項目	良好	要改善点	対応者	完了日
床や壁に破損は無いか？				
ドアの指つめ防止ゴムや鍵は壊れていないか？				
椅子、机、棚は破損していないか？				
棚の上は整理されているか？				
2歳テラスに危険な物は無いか？				

◆幼児クラス

チェック項目	良好	要改善点	対応者	完了日
床や壁に破損は無いか？				
ドアの指つめ防止ゴムや鍵は壊れていないか？				
椅子、机、棚は破損していないか？				
棚の上は整理されているか？				
幼児テラスに危険な物は無いか？				

◆3階、屋上

チェック項目	良好	要改善点	対応者	完了日
放置されているものは無いか？				
排水口は詰まっていないか？				

園長印

ケガへの対応

■まずは「○○からのお知らせ」で報告

　事故やケガについての報告は、「○○からのお知らせ」と呼ばれるA5サイズくらいの小さな報告書から始まります。ここでは、「いつ」「だれが」「どこで」「どうした」ということをクラス担任が記入し、園長・主任に報告とともに提出します。ケガに限らないことですが、まずは迅速な上司への報告が大事です。外部の医療機関を受診した場合は、このお知らせ自体を赤枠で囲います。

　この取り組みは、「園の子どものことは、担任だけではなく、職員みんなで見ていこう」という考えがベースになっているので、職員全員で情報を共有できるように、その週の週末まで事務所に掲示しています。そのことは、例えば、登降園時にケガをした子どもの保護者に会ったときに、一言声をかけるやり取りにつながっていきます。小さなやり取りが、「担任だけではなく、いろいろな先生がうちの子のことを気にかけてくれている」という保護者の安心感につながります。

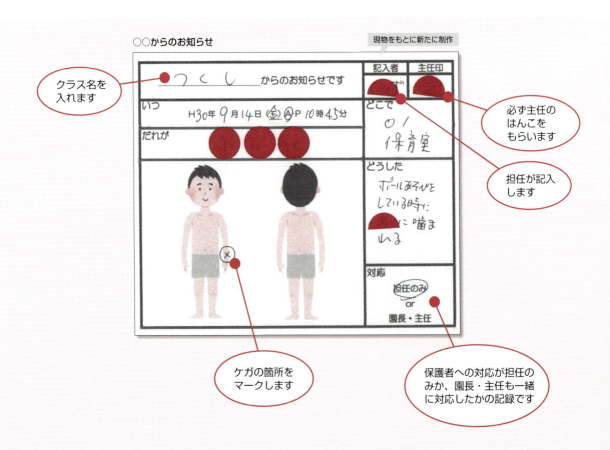

■「ヒヤリハット・事故・怪我報告書　再発防止策」*

「○○からのお知らせ」でとりあえず報告をした後、特に重大なものと園長が判断したり、医療機関に受診したりした場合には「ヒヤリハット・事故・怪我報告書　再発防止策」(以下、「報告書」)を記入していきます。合わせて、経緯を記入した記録をつけ、安全部が管理しています。

報告書には、原因だけではなく、さまざまな角度から考えた再発防止策についても記入し、緑ファイル（全職員が毎日目を通すもの）で共有します。経緯の記録については、傷の手当てや医療機関を受診した場合は看護師が、保護者への対応に関する経緯や、発生からの流れは当事者及びかかわった人が記入します。

＊実際に使用されている書式をP.56で紹介しています。

■事故・ケガの集計*

「○○からのお知らせ」の内容を1か月ごとに看護師が集計し、1年分を一覧にまとめます。集計は、「受傷部位」「受傷種類」「曜日」「発生時間帯」「発生場所」など、さまざまな視点で行いますが、集計結果を見ていくと、ヒヤリハットと連動していることがわかります。ケガをした子どもについては、受傷者名も集計するので、同じ子が繰り返しケガをしているといったことも改めて確認することができ、保育中の見守りにも役立ちます。

＊平成29年度の集計結果の一部をP.57で紹介しています。

集計の項目

- 受傷部位
- 受傷種類
- 程度（医療機関受診か園で処置か）
- 受診日数（医療機関を受診した場合）
- ケガをした子ども
- 曜日
- 時間帯（1時間ごと）
- 天候
- 年齢
- 性別
- 発生場所
- 様態（単独事故か他人関与か）
- 原因（施設・設備か人の行為か、あるいはどちらもか）
- 受傷原因行為（人同士の衝突／物が（に）当たる／転倒／転落・飛び降りなど）

56　基礎知識　実践から学ぼう……南つくし野保育園

ヒヤリハット・事故・怪我報告書　再発防止策

（現物をもとに新たに制作）

吹き出し注釈：
- いちばんかかわった者
- 対策案を実行した日を記入します
- いろいろな視点で対応策を考え、複数案出します
- 当事者になります。名前を書き入れることで、対策案を実行に移し、最後まで責任をもって行う人を明確にします

南つくし野保育園

ヒヤリハット・事故・怪我 報告書 再発防止策	記入日：平成　年　月　日（　）			
	当事者	園長	主任	副主任

園児名		クラス	つくし・すずらん・たんぽぽ さつき・ひまわり・さくら
発生日	平成　年　月　日（　）	発生時間	午前・午後　時　分
発生場所	園庭・保育室（0 1・2 3・4 5）・支援室・階段・廊下・園外（　）・その他（　）		
外傷状況	噛みつき・ひっかき・切り傷・擦り傷・その他（　）	外傷部位	

原因 （なぜ起こったか？） ※複数ある場合は番号をふる			

具体的再発防止策 ①
いつまでに？	年　月　日（　）	誰が？	
どのような方法で？	クラスノート・緑ファイル・ウィークリー・クラス会議・職員会議・その他（　）		
何をするか？ （具体的な改善策）			
完了日	年　月　日（　）	担当者サイン	

具体的再発防止策 ②
（同じ構成）

補足説明：
- クラスノート／各クラスの大事な共有事項を記入してあるノートに記入するのみ　非常勤職員がクラスに入る際に確認するときにも見る
- 緑ファイル／常勤・非常勤を問わず、全員が保育に入る前に読むファイルに記入する
- ウィークリー／週案に記入する
- クラス会議／クラスノートに記入するだけではなく、話し合う
- 職員会議／常勤職員で話し合う

具体的再発防止策 ③
完了日	年　月　日（　）	担当者サイン	
いつまでに？	年　月　日（　）	誰が？	
どのような方法で？	クラスノート・緑ファイル・ウィークリー・クラス会議・職員会議・その他（　）		
何をするか？ （具体的な改善策）			

一緒に保管する「経緯報告書」

南つくし野保育園

事故・怪我・ヒヤリハット　経過　　NO.

日付・時間	細（発生状況、職員連携、保護者・病院連絡、病院名、受診内容、保護者対応等）
／　　：	

第1部　みんなで知っておきたい危機管理の基礎知識

平成29年度南つくし野保育園　事故・怪我集計　現物をもとに新たに制作

受傷部位の注記：頭部／顔／眼／口／歯／耳／鼻／体幹部／首／上肢／下肢／手指　→　圧倒的に「顔」が多いことがわかります

受傷種類の注記：打撲／擦り傷／切り傷／挫創／引っ掻き傷（自）／引っ掻き傷（他）／噛み傷／体幹部／骨折／捻挫／脱臼／眼の外傷／口腔・歯の外傷／その他　→　打撲とひっかき傷（他）の多さが際立っています

下部注記：受傷者別の集計／子どもによって受傷件数が違うことが一目でわかります

	月別	4月	5月	6月	7月	8月	9月	10月	11月	12月	1月	2月	3月	年間
	総件数			26	10	13	13	26	22	13	16	10	19	213
受傷部位	頭部			4	2	4	3	7	5	3	3	2	4	41
	顔			11	4	8	5	12	9	9	4	8	10	111
	眼			2	0	0	0	0	1	0	0	0	1	4
	口			2	0	0	2	0	2	0	3	1	1	11
	歯			0	0	0	0	0	0	0	0	0	0	0
	耳			3	1	0	0	0	0	0	0	0	0	4
	鼻			0	0	0	0	2	2	0	1	0	1	7
	体幹部			0	2	0	0	0	0	0	0	0	0	2
	首			0	0	1	0	1	0	0	2	0	0	6
	上肢			2	0	0	2	2	2	1	2	0	1	16
	下肢			2	0	0	0	0	0	0	0	0	0	3
	手指			0	1	0	1	2	1	0	1	0	1	9
受傷種類	打撲			13	4	5	7	11	6	4	4	3	4	67
	擦り傷	7	2	4	1	0	0	5	3	4	0	4	7	37
	切り傷	0	0	0	0	1	0	1	2	0	1	0	0	5
	挫創			0	0	0	0	1	0	0	0	0	0	1
	引っ掻き傷（自）			0	0	0	0	2	0	1	0	0	0	3
	引っ掻き傷（他）			3	7	1	0	9	3	4		6		71
	噛み傷			1	0	3	0	4	0	0	0	0	0	15
	骨折			0	0	0	0	0	0	0	0	0	0	1
	捻挫			0	0	0	0	0	0	0	0	0	0	0
	脱臼			0	0	0	0	0	1	0	0	0	0	1
	眼の外傷			0	0	0	0	0	0	0	0	0	0	0
	口腔・歯の外傷			0	0	0	2	0	0	0	3	0	0	5
	その他			1	0	0	0	0	0	0	0	0	1	8
程度	医療機関受診			0	0	0	0	3	0	1	1	0	0	7
	園で処置				10	13	13	26	19	13	15	10	19	207
受診日数	1日								2		0	0	0	3
	2日			0	0	0	0	0	0	0	1	1	0	2
	3日			0	0	0	0	0	0	0	0	0	0	0
	4日			0	0	0	0	1	0	0	0	0	0	1
	5日以上			0	0	0	0	0	0	0	0	0	0	1
	○○○△太			0	0	0	0	1	0	0	0	0	0	1
	○○□△子	0		0	0	0	0	0	1	2	0	0	0	3
	○○□○美	0		0	0	0	0	1	2	0	0	1	2	7

水あそび・プール活動を安全に楽しむために

■職員会議を利用して勉強会

　水あそびやプールについてのさまざまな勧告や通達が届いていることを受けて、看護師が作った資料を元に、水の事故について勉強会を行います。従来から行っている確認作業や分担はもちろん、新しいガイドライン＊（「教育・保育施設等における事故防止及び事故発生時の対応のためのガイドライン」平成28年3月）の内容を確認し、公表されている事故調査報告書には必ず全員が目を通します。

　「知っているつもり」「気をつけているつもり」にならないよう、どういうポイントに気をつければ事故が起きないかを学び合う機会を作り、楽しい水あそびを保障するための意識を高めることが重要です。

＊ガイドラインに記載されている「プール活動・水遊びの際に注意すべきPoint」については、P.90で紹介しています。

■すぐに取り組める南つくし野保育園の実践アイディア

一目で確認できる水深確認グッズ

　園芸用の支柱に、それぞれの年齢に適切な水の深さを示すビニールテープを巻いておくと、誰が行っても正確に、しかも一目で確認することができます。年齢ごとにテープの色を分けておくといいでしょう。

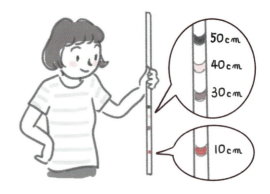

監視員配置の徹底

　水あそびやプール活動を行う際には、監視担当、指導担当、加配担当の三者の配置を徹底しています。0歳児のたらいの水あそびであっても、監視担当を配置します。また、監視担当者は、目立つ色のビブス＊などを着用し、周囲からも監視担当だとわかるようにしています。

＊ビブス（bibis）＝競技者が付けるゼッケンや、チームの区別をつけるためにユニホームの上に着るベスト状の物。

監視担当は、笛も必需品

第1部　みんなで知っておきたい
危機管理の基礎知識

■水あそびマニュアルの徹底

　南つくし野保育園では、3歳未満児があそぶ1階と、幼児クラスが楽しむ2階にスペースが分かれていて、それぞれのスペースに必要な準備や監視、片づけが「水あそびマニュアル」としてまとめられています。

　入水前後の記録、清掃点検チェックを点検し、園長、または主任に報告をして、確認印をもらって終了となります。

資料　水あそび日誌（1階用／小プール）　　　　　　　　　　　　　　　　現物をもとに新たに制作

【1階テラス】　　　　平成30年　　月　　日（　）天候：　　　　　　　　　入水認印

（※入水前記入）
　小プール　水質検査　担当者：　　　　　　　　　　【入水予定表】

水温（時間）	度（　時　分）
外気温（時間）	度（　時　分）
残留塩素	（　　）mg／l

	入水クラス	入水予定時間	予定指導員	予定監視員
1	つくし			
2	すずらん			

（※入水後記入）

つくし（12名）	
入水時間（始）	
入水時間（終）	
入水述べ人数	名
指導員	監視員

すずらん（15名）	
入水時間（始）	
入水時間（終）	
入水述べ人数	名
指導員	監視員

（※終了後記入）

清掃点検チェック項目	確認	対応者
●水遊び玩具の状態確認後、ケースに収納・整頓されていますか？	正常・異常	
●使用したホースは丸めて片付けられていますか？	正常・異常	
●水道・シャワーの水はきちんと止まっていますか？	正常・異常	
●プール・タライは端に寄せ、水道付近はきれいな状態に保たれていますか？	正常・異常	
●ラティスは強風で倒れぬよう、横に寝かせてありますか？	正常・異常	
●ラティスは破損していませんか？	正常・異常	
●足拭きマット（外）は乾燥後、きちんとたたみ、端に寄せていますか？	正常・異常	
●足拭きマット（内）は終了後、洗濯に回しましたか？（毎日交換）	正常・異常	

水質検査時刻	時　分	時　分	時　分	★ビニール製プール：水位10cm ★遊離残留塩素基準：0.4〜1.0mg/l ★塩素剤目安量：1.3ml ★タライは交代時ジア300倍で消毒	清掃担当　印	終了認印
遊離残留塩素	mg/l	mg/l	mg/l			
塩素剤追加量	mg	mg	mg			
水質検査担当						

基礎知識　実践から学ぼう …… 南つくし野保育園

資料　水あそび日誌（2階用／大プール）　　　　　現物をもとに新たに制作

【2階　たんぽぽテラス】
平成30年　　月　　日（　　）天候：　　　　　入水認印

（※入水前記入）

大型プール　水質検査　担当者：

水温(時間)	＿＿＿＿度（　時　分）
外気温(時間)	＿＿＿＿度（　時　分）
残留塩素	（　　　）mg／l

【入水予定表】

	入水クラス	入水予定時間	予定指導員	予定監視員
1				
2				
3				

（※入水後記入）

たんぽぽ（18名）			さつき（18名）		
入水時間　（始）			入水時間　（始）		
入水時間　（終）			入水時間　（終）		
入水述べ人数		名	入水述べ人数		名
指導員	監視員		指導員	監視員	

ひまわり（18名）			さくら（19名）		
入水時間　（始）			入水時間　（始）		
入水時間　（終）			入水時間　（終）		
入水述べ人数		名	入水述べ人数		名
指導員	監視員		指導員	監視員	

	水位	容積
さつき組	30cm	4.5㎥
ひまわり組	40cm	6㎥
さくら組	50cm	7.5㎥

塩素剤目安量	初回・0mg/l	0.2mg/l	0.4mg/l
さつき組	90ml	72ml	54ml
ひまわり組	120ml	96ml	72ml
さくら組	150ml	120ml	90ml

（※終了後記入）

清掃点検チェック項目	確認	対応者
●周囲を見渡し、破損部分は見られませんか？	正常　・　異常	
●支柱が外れていませんか？	正常　・　異常	
●水遊び玩具が整理整頓されて片付けられていますか？	正常　・　異常	
●ビー玉(20個)やダイブボール(19個)の数は整っていますか？	正常　・　異常	
●ビート板の数（6枚）と、汚れ・破損はないですか？	正常　・　異常	
●清掃用具は清掃庫に戻していますか？	正常　・　異常	
●使用したホースは丸めて置いてありますか？	正常　・　異常	
●水道・シャワーの水は、きちんと止まっていますか？	正常　・　異常	
●階段・点検後の玩具は、大プールの中に入れましたか？	正常　・　異常	
●大プールのネットを支柱に固定しましたか？	正常　・　異常	
●ラティスは強風で倒れぬよう、横に寝かせてありますか？	正常　・　異常	
●ラティスとタオル掛けの破損はありませんか？	正常　・　異常	
●着脱用マットはフェンスに洗濯ばさみで止めましたか？	正常　・　異常	

水質検査時刻	時　分	時　分	時　分	清掃担当者　印	終了認印
遊離残留塩素	mg/l	mg/l	mg/l		
塩素剤追加量	mg	mg	mg		
水質検査担当					

資料 水あそびマニュアル

実際に南つくし野保育園で使っている水あそびマニュアル（1階用／0 1歳児）の一部です。
ほかに、「入水中」「掃除・片付け」「最終片付け」の項目があります。
また、2階用（2～5歳児）、「プール・水あそび安全マニュアル」
「水あそびマニュアル補足・担当別仕事内容」（1階・2階それぞれ）があります。

実際のものをそのまま掲載

水遊びマニュアル　1階

南つくし野保育園
作成日：平成30年8月16日
作成者：堺・清水・堀ノ内

1、当日入水前
【G番】
※消毒類、足ふきマットを準備する。
① ビニールプールに水を入れる。
　　・水位目安…10㎝（計測棒にて確認する）
② タライ、玩具、足マット、ラティス等をセッティングする。
③ プール日誌に気温、水温、監視者・指導者を記入し、園長に報告、入水確認印をもらう。
　　※園長不在時は看護師にもらう。
　　※指導員・監視員が万が一変更になる場合は、事務所に連絡し、ホワイトボードにその旨を記入してもらう。

【1階テラス】
　　　　平成30年　　　月　　　日（　　）天候：
（※入水前記入）
　小プール　水質検査　担当者：

水温（時間）	＿＿＿度（　時　分）
外気温（時間）	＿＿＿度（　時　分）
残留塩素	（　　）mg／l

入水認印

【入水予定表】

入水クラス	入水予定時間	予定指導員	予定監視員
1	つくし			
2	すずらん			

2、入水準備
①プールカードの〇×を確認し、子どもたちの様子から入水する子ども、また入水する順番を決める。
　　・体温だけでなく、鼻水、咳、便の様子など全身状態を確認する。
【指導者】
①入水する子どもを順番に着替え、準備を始める。
　　※着替え方法は、各クラスデイリー参照。

3、入水直前
【監視者】
① ビブス、笛を身に付ける。
② ビニールプールの水に、塩素剤を1.3ml入れ、遊離残留塩素が1.0 mgであることを確認する。
　　※消毒方法の詳細については、『水遊び　指導・監視員マニュアル』参照。
③ タライに5㎝の水を入れる。

column

安全管理と保育は車の両輪

　子どもが安心して主体的に活動するためには、保育者との安定した信頼関係と、安全な環境が必要不可欠です。

　一人一人の子どもがのびのびと自分の願いや思いを表現する姿を見守る保育は、言い換えれば「安全な保育」であり、そうした保育をみんなで考えて求めていくことは「保育の質を追究すること」につながっていきます。

　子どもの命を大切にすることは、言い換えれば、子ども一人一人の存在を大切にすることなのです。

　子どもの命を守るために必要な8つのチェック事項を紹介します。みんなで共有し、確認し合ってください。

子どもの命を守るために必要な8つのチェック事項

①保育者、子ども、保護者が互いによい関係を作れているか
　（お互いに笑顔で向かい合える関係に）
②保育者が子どもの個性をしっかり、しかもポジティブに把握しているか
　（子どもをポジティブに把握することで保育が変わる。ラーニングストーリーの実践）
③保育者が、子どもが遊びこめるような環境を設定しているか
　（子どもの目がキラキラ輝く保育を「設定」）
④立場に関わらず保育者同士の連携は十分にできているか
　（正規、非正規、パート、経験年数を超え、お互いへの感謝を言葉で表現しよう）
⑤職員会議や研修を十分に行い、園内での問題の共有化がはかれているか
　（全員で園内の危険な場所について話し合い、危険を回避する方法を考える）
⑥保育者が子どもの動静をしっかり把握できているか
　（子どもの顔と名前を一致させる）
⑦しっかりした保育計画ができているか
　（計画を変えた時に事故は起きている）
⑧普段から緊急時の対応は十分にできるようになっているか
　（責任者不在のときの指示系統など）

第2部

重大な事故事例から学ぶ安全な保育

第1部で紹介した、重大な保育事故が起きやすい「くう・ねる・水あそび」の
具体的な事故例を中心に取り上げます。
さまざまな事故から学ぶ「安全な保育」のポイントはどこにあるのでしょうか。

中でも、転倒によるけが、プールでの窒息、食事中の窒息の3つの重大な事故については、
第三者機関による事故調査報告書の概要と、
それぞれの事故に関する寺町東子先生と新保庄三先生の対談を紹介します。
対談の中で語られるいくつもの「安全な保育のためのポイント」は、
自園の危機管理を見直すポイントでもあります。

あわせて、「事故防止対応ガイドライン」に記載されている
「注意すべきポイント」もわかりやすく紹介します。

担当●寺町東子
協力●新保庄三
(本書第3部 担当／一般社団法人日本保育者支援協会理事長)

プロフィール

寺町東子(てらまちとうこ)
弁護士・社会福祉士・保育士　教育・保育施設での重大事故予防、苦情調整などに取り組む。
一般社団法人 子ども安全計画研究所理事。

＜著書＞
『子どもがすくすく育つ幼稚園・保育園　教育・環境・安全の見方や選び方、付き合い方まで』(猪熊弘子共著　内外出版社)
『保育現場の「深刻事故」対応ハンドブック』(共著　ぎょうせい) 他。

事故事例

Prolog
重大事故の原因も防止策も一つではない

子どもが事故に遭ったとき、命にかかわるリスクを除外できますか

　子どもが死亡に至る状況は、決して特別なことではなくて、日常のいろいろな場面に潜んでいます。例えば「ただ転んだだけ」だと、「救急車を呼ぶ」ことについて、判断が難しいかもしれません。でも、転んだときにおなかを打ったということだったら、どうでしょう？

　子どもの命にかかわるリスクをご存じでしょうか。頭や顔、そして胸やおなかなどの体幹部を打った場合、また、手足だと大きい骨を折った場合など、身体の枢要部にダメージを受けた可能性があるときは、命にかかわる恐れがあります。夏だと高温多湿の環境も熱中症により命にかかわる恐れがあります。

　保育士は、保育のプロではあるけれど、医療についての専門家ではありません。でも、だからこそ、どういう状況が命にかかわるリスクかを保育者として知っておく必要があります。看護師不在など、確認が難しい状況であれば、そのリスクを除外できないと思ったときは、迷わず受診するべきです。受診する機会が増えてしまうかもしれませんが、何事もなければそれでいいのです。何事もないかどうかを判断するのは医師の仕事ですから、保育士が判断すべきではないのです。

　今回の保育所保育指針の改訂で、安全に関する内容の充実が図られました。保育においての優先順位が「命・育ち・保護者支援」だということが示されたのだと理解できます。保育士も、この優先順位を念頭に置いて、事が起きた場合、「命にかかわるリスク」を除外できることが大切です。

一つの事故を複数の視点から分析、いくつもの予防策を

　死亡事故や後遺障害を残すような重大事故が起きるとき、ただ一つの原因によって生ずることはほとんどありません。いくつかの原因が重なって起きるのです。

　重大事故を起こさないようにするためには、まず、日常の保育の中で起こるヒヤリハットを敏感にとらえることが求められます。そして、そのヒヤリハットが重大事故に至らないように、複数の視点から原因を分析して、いくつもの予防策をとることが重要です。

人（ヒト）・物（モノ）・運用（システム）の3つの視点

　この「複数の視点から分析」については、人（ヒト）・物（モノ）・運用（システム）の3つの視点を提案します。

　まず、人（ヒト）の視点からの事故分析としては、保育士自身・子ども自身・保育士と子どもの関係性・子どもと子どもの関係性などが挙げられます。

　例えば、保育士自身が、プライベートで悩みを抱えたり、体調が優れないまま無理をして保育をしていたりして、集中力を欠いていたということもあるでしょう。

　また、子ども自身が、低出生体重児や早産児、低月齢児、アレルギーがあるなど、特別に配慮が必要な場合もあるでしょう。

　保育士と子どもとの間の愛着関係が弱く、子どもが困ったときに保育士に訴えないということもあるかもしれません。

　保育士間のチーム力が弱く、意思疎通がスムーズにいかないということもあるでしょう。このような人（ヒト）の要素が、事故の原因・遠因になっている場合があります。

次に物（モノ）の視点からの事故分析としては、食材やおもちゃ・遊具の形状、周囲の環境などが挙げられます。例えば、実際に起きた事故に即して挙げれば、

- 直径2㎝の白玉団子を原形のまま2歳児に与えて喉に詰まった。
- ままごと用の果物や野菜のおもちゃが、3歳未満児の口の中に入る大きで喉に詰まった。
- 園庭で栽培していたプチトマトを2歳児が口に入れて喉に詰まった。
- 廊下の壁に、突起があり、歩いている子どもの服に引っかかって転んだ。
- トランポリンのスチール製の縁とジャンプ面の隙間に子どもの手足が入ってしまう形状だった。
- 押入れの中段の前かまちと押入れ家具の隙間が10㎝以上あり、子どもが首を挟んだ。
- 口の中に入ってしまう大きさの磁石や電池が、子どもの手の届く場所にあり、飲みこんだ子どもの腸が壊死していた。
- 雲梯の下の土が踏みしめられて固まっており、落ちた子どもが着いた手を骨折した。

など、多岐にわたります。

運用（システム）の視点からは、遊具や園庭の使い方、勤務シフト、役割分担などが挙げられます。例えば、

- 子どもが滑り台を下から登っていき、上から滑ってきた子どもと衝突した。
- 1歳児から5歳児まで同時に園庭であそんでいる中、おにごっこをする5歳児が1歳児に衝突して1歳児が跳ね飛ばされた。
- 午睡中の呼吸チェックについて、全員で見ているつもりが、心肺停止に気づかなかった。
- プール活動の監視について、全員で見ているつもりが、おぼれている子に気づかなかった。
- ヒヤリハットを園長だけに報告して、そのままになっていた。
- アレルギー除去食を作っているうちに、鍋を混同してしまった。
- お迎えの保護者と一緒に、見知らぬ人が園舎内に入ってきた。

など、こちらも多岐にわたります。

重大事故の原因は一つではない、と述べましたが、複数の視点から複数の原因を見つけ出すことによって、複数の防止策が見つかります。この視点の異なる複数の防止策を何重にも重ねることで、一つの防止策はすり抜けてしまっても、他の防止策によって重大事故に至ることを止めることができます。第1部のP.34で紹介されている「スイスチーズモデル」に当てはめると、視覚的に判りやすいでしょう。

知っておきたい「注意義務」

　重大事故が起こったときに法的責任の有無が問題にされます。その際に「注意義務」を尽くしていたかどうかが問われます。法律上の「注意義務」は、一般用語の「注意」と「義務」とは少し意味が異なります。「予見できたのに予見しなかった」、「回避できたのにしなかった」というときに、「注意義務違反があった」とされます。
　例えば、穴が開いていれば、子どもが指を突っ込むことは当然予想できます。にもかかわらず、指を突っ込んだ時に怪我をするような状態の穴であったら、予見できたのに回避義務を尽くさなかった、と判断されるわけです。

午睡中の死亡事故を考える

保育中の死亡事故で最も多いのが、3歳未満児の午睡中の死亡です。
どういう状況が事故を誘発するのか、事故を未然に防ぐ手立てはないのか、
さまざまな側面から考えていきます。

事故を防ぐことができる2つのパターン

　0歳児の病死以外の「不慮の事故」のうち、80％以上が窒息死であり、特に睡眠中の窒息死が3分の1を占めます。[1] 未然に防ぐことができる2つのパターンを取り上げます。

①折り重なりによる窒息

　実際に起きた事故として、生後4か月の男児と生後8か月の男児を同じベッドに寝かせ、その場を離れた間に生後4か月児が、生後8か月児に覆いかぶさられて、鼻口部閉塞による窒息で死亡した事故[2]があります。
　また、押し入れの下段に1歳5か月の女児をベビーラックに寝かせ、傍らに生後11か月の男児を寝かせた上、押し入れの戸を閉めきり、途中で目覚めた男児がベビーラックにはい上がり、女児の上に覆いかぶさって、女児が胸部圧迫による急性窒息により死亡しました。[3] どちらの事故も、折り重なるような環境を作らず、そして、保育士がそばにいれば、防ぐことができた事故でした。

②うつ伏せ寝による窒息

　うつ伏せによる窒息で亡くなっている場合、大きく3つの原因が挙げられます。そして、そのどちらもあお向けに寝かせて、保育士がそばにいれば、防ぐことができます。

●鼻口部閉塞

　まだ自ら寝返りができない時期、またあおむけからうつ伏せへの寝返りはするが、うつ伏せからあおむけの寝返りを獲得していない時期に、保育士が目を離している間に寝返って、布団やタオル、あるいはベッドのそばに置いたぬいぐるみなどが鼻腔部をふさいだり、真下を向いたfacedownの状態で、窒息するケースです。

●低酸素性窒息

　子どもが泣いていたり、ぐずっていたりして、ほかの子の睡眠の妨げになるからなどの理由で、毛布や布団を頭からかぶせてしまい、結果的に酸素濃度が低くなり、死亡するケースです。低酸素性窒息といわれる状況です。わたしたちが平常、呼吸をしている空気中の酸素濃度は20.9％ですが、酸素濃度が10％になると、息苦しさを感じるだけではなく、その苦しさを回避しようと身体を動かすことすらできなくなると言われています。マンホールの中などの作業現場で起きる死亡事故と同じです。

　ましてや、泣いていたり、ぐずったりしている子は、平常時よりも発汗していたり、体温が上昇していたり、心拍数が上がっていたりして、呼吸が乱れていたり、危険な状態に陥りやすいことは容易に想像できます。

●吐乳吸引

　嘔吐しているのに、うつ伏せのため気づかず、窒息に至るケースです。人間の身体は、気管の真後ろに食道があります。うつ伏せで嘔吐をすると、食道の下になっている気管に入りやすくなります。また、うつ伏せで腹部が圧迫されるので、嘔吐を引き起こしやすい状況にもなります。授乳後、いくら排気をさせても、あるいは溢乳（生理的な吐乳）を確認していても、うつぶせ寝にするリスクは小さくありません。

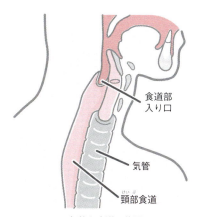

気管と食道の位置

注釈

1）消費者庁による平成22年〜26年の厚生労働省「人口動態調査」の死亡小票調査
　　http://www.caa.go.jp/policies/policy/consumer_safety/release/pdf/161024kouhyou_1.pdf

2）2001年（平成13年）3月15日15時50分頃、無人の保育室の同一のベビーベッド内で、生後4か月の男児が生後8か月の男児に覆いかぶさられて、鼻口部閉塞による窒息により死亡した。
　→業務上過失致死罪で、社長は禁固1年、マネージャーは禁固10月、各執行猶予3年の有罪判決。
　　（東京地方裁判所・平成15年（2003年）1月22日判決・確定）

3）2011年（平成23年）4月7日、川口市の認可外保育施設で、園長は、園児を午睡させるに当たり、小部屋の押し入れ下段にベビーラック上に寝かせた生後1歳5か月の女児Aを入れ、その傍らに生後11か月の男児Bを寝かせた上、押し入れの引き戸を閉め切り、その後、目覚めた男児Bがベビーラック上にはい上り、Aの上に覆い被さって、Aは胸郭圧迫による急性窒息により死亡した。
　→業務上過失致死罪で禁錮2年（執行猶予3年）に処した。
　　（さいたま地方裁判所・平成26年（2014年）9月8日判決・確定）

事故事例　午睡中の死亡事故

実は1.2歳児は保育施設の方が死亡率が高い

「突然の予期せぬ死亡（SUDI＝Sudden Unexpected Death in Infancy）」[4]の発生率を調べた研究[5]によれば、0歳児では、日本全体での発生率に比べて保育施設での発生率は概ね35～55％程度で、保育施設のほうが家庭より安全という結果が出ました。しかし、1・2歳児では、日本全体での発生率に対して、保育施設での発生率は1.25～2.45倍ほど高く、家庭よりも保育施設のほうがリスクが高いことがわかりました。

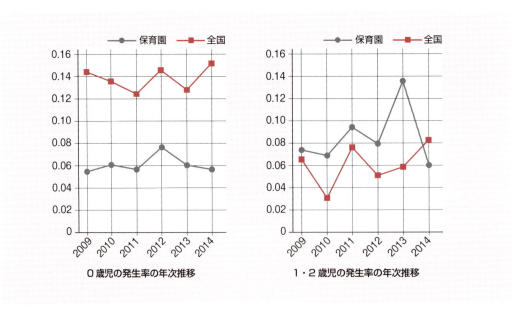

0歳児の発生率の年次推移　　　1・2歳児の発生率の年次推移

なぜ、1・2歳児の施設保育が家庭保育よりリスクが高いのか、2つの仮説を立てることができます。

仮説① 配置基準が不十分？

死亡事故が起こった保育施設で、保育士配置基準が順守されていたか否かを見ると、0歳児が死亡した施設では配置基準（0歳児3人対保育者1人）を満たしていなかった施設は約半数だったのに対し、1歳児が死亡した施設では83.3％が配置基準（1歳児6人対保育者1人）を満たしていました。[6] つまり、1歳児の配置基準が安全を確保する基準としては不十分であることを示唆していると捉えることができます。

仮説② 1歳になるとうつ伏せ寝にしている？

厚生労働省はSIDS（乳幼児突然死症候群）防止で、「睡眠中の赤ちゃんの死亡を減らしましょう」と題し、「1歳になるまでは、寝かせるときはあおむけに寝かせましょう」と呼びかけています。このことを逆に解釈して「1歳になったら、うつ伏せ寝にしてよい」と捉えていないでしょうか。しかし、あおむけ寝キャンペーンと連動して0歳のみならず、1歳でも「突然の予期せぬ死亡（SUDI）」が減少したとの調査結果もあります。

1歳児の発達の大きな特徴の一つに、自我が芽生え、自己主張が強くなる姿があります。が、まだ自分の気持ちや要求を伝える言葉の獲得が不十分なため、いらいらしたり、激しく泣いたりします。愛着関係においても、分離不安が強くなり、泣いて不安感を訴えます。その結果、発汗、発熱、心拍上昇、呼吸数上昇など平常時とは異なる状態に陥ります。

入眠時に、そうした子どもを落ち着かせようと、うつ伏せにして頭からタオルや毛布をかぶせたことが、死亡に至っているとは考えられないでしょうか。1歳児は、まだ発達の個人差が大きい時期です。中には、保育士の働きかけに「嫌だ」とはっきりと主張したり、息苦しくなったときに回避行動を取ったりするほどには身体能力や危険認識が発達していない子どももいるでしょう。子どもの安全を考えるときは、ゆっくり発達している子どもの姿に照準を合わせてほしいと思います。

注釈

4）SUDIは「突然の予期せぬ死亡」を指します。1歳未満を対象にしたSIDS（乳幼児突然死症候群）、窒息などの事故、原因不明などが該当します。対象は、0〜5歳児。健康面に問題のなかった子が突然命を落とす事象を広く総称し、睡眠中の死亡には限りません。ただ、1・2歳児は、圧倒的に午睡中が多いと報告されています。

5）「安全で安心な保育環境の構築に向けて」小保内俊雅他、日本小児科学会雑誌121巻7号1224〜1229頁、2017年

6）「保育施設内で発生した死亡事案」日本小児科学会雑誌118巻11号1628〜1635頁、2014年

事故事例　午睡中の死亡事故

資料

「教育・保育施設等における事故防止及び事故発生時の対応のためのガイドライン」より
重大事故が発生しやすい場面ごとの注意事項について

睡眠中

> **Point　窒息リスクの除去の方法**
>
> ・医学的な理由で医師からうつぶせ寝をすすめられている場合以外は、乳児の顔が見える仰向けに寝かせることが重要。何よりも、一人にしないこと、寝かせ方に配慮を行うこと、安全な睡眠環境を整えることは、窒息や誤飲、けがなどの事故を未然に防ぐことにつながる。
>
> ・やわらかい布団やぬいぐるみ等を使用しない。
>
> ・ヒモ、またはヒモ状のもの（例：よだれかけのヒモ、ふとんカバーの内容のヒモ、ベッドまわりのコード等）を置かない。
>
> ・口の中に異物がないか確認する。
>
> ・ミルクや食べたもの等の吐瀉物がないか確認する。
>
> ・子どもの数、職員の数に合わせ、定期的に子どもの呼吸・体位・睡眠状態を点検すること等により、呼吸停止等の異常が発生した場合の早期発見、重大事故の予防のための工夫をする。
>
> ※他にも窒息リスクがあることに気づいた場合には、留意点として記録し、施設・事業所内で共有する。

大事なポイント

必ず保育士が在室する

あおむけに寝かせる

5分おきに呼吸チェックを行う
（呼吸確認と同時に、体に触れる）

第2部　重大な事故事例から学ぶ安全な保育

3つの事故を考える

教育・保育施設等における重大事故に関して、平成28年3月「教育・保育施設等における重大事故の再発防止のための事後的な検証について」という通知が出され、国は自治体からの検証報告を踏まえて再発防止策を検討するという方針を示しました。ここでは、検証委員会によって作成された報告書を追いながら、この事故を予防するために必要だったことや、事故後の対応などについて、新保庄三さんと寺町東子さんが振り返る対談を合わせて収録。

事故検証 1
転倒事故

H町公立保育園の場合

■事案の概要

平成28年12月13日夕方、園庭で追いかけっこをしていた6歳6か月の男児（入所期間4年8か月）が、園庭と保育室の間にあるデッキの通路上を走り、デッキに置いてあるサッカーゴールの網に足を取られて転倒しました。転倒後は保育士が全身の状態を確認。本児の意識も受け答えもはっきりしていましたが、帰宅後、容態が悪くなり、救急搬送され、翌日未明に搬送先の病院で死亡が確認されました。

経緯

① 子ども育成課による保育従事職員からのヒアリング内容

平成28年12月13日（火）

時　刻	内　容
9:00頃	・祖母の送りで登園。検温で36.5℃。 ・午前中、普段と変わらず元気に過ごす。
12:00頃	・給食完食。
12:30頃	・室内でクリスマス製作。
15:20頃	・おやつ完食。

15:40頃	・5歳児クラスの「帰りの会」が終了。順次、園庭の外あそびを始める。 ・外遊びは5歳児24人、4歳児23人、3歳児21人、計68人に対して、保育士6人が見守り。
16:00頃	・園庭で追いかけっこをしていたが、園庭と保育室の間にあるデッキの通路上を走り、デッキに置いてあるサッカーゴールの網に足をとられ転倒。自分で立ち上がる。 ・転倒後、保育士A、Bが駆け寄り、本児に身体の痛いところやぶつけたとこはないかと問いかける。本児は「大丈夫」と返答した。 ・保育士Aは本児の体を手でふれて全身をチェックした。 ・手足からの出血などは確認できなかった。 ・左肩から転んだため、腕を回させて、痛みのないことを確認した。痛みの訴えはなかったが、「ねむい」と言って、寝転がるしぐさをしていた。 ・保育士Aは早番のため、保育士Cに見守りを引き継ぎ、職員室で執務をしていた園長に転倒と後の対応を報告。 ・園長が、デッキに座っていた本児の様子を見に行く。本児は、園長の声がけにしっかり受け答えをしていた。 ・保育士Cは、デッキに座っていた本児が「寒い」と言ったので、ホールに置いてある上着を取りに行くよう言葉をかけた。 ・職員室での打ち合わせを終えた保育士D（5歳児担任）は、クラスに戻ったところで、保育士Cから転倒の報告を受けた。上着を取りに行っていると聞き、ホールに向かって行くと、図書コーナーにいる本児を見つけた。本児が上着を着ていたので、「寒いの？」と聞くと、「ころんじゃった」と答えた。 ・「どこか痛いところはある？」と聞くと、「おなかかな？」と答えたので、本児のシャツをめくって、おなか全体を手でふれたり、手足をぶらぶらさせたりしたが、気になるところは確認できなかった。
16:30頃	・本児はデッキでしばらく座っていたが、外であそぶ様子がなかった。保育士Dが「眠いの？」と聞くと、「うん」と言い、室内に入り、マットの上で横になった。

時　刻	内　容
16:45 頃	・保育士の「大丈夫？」の問いかけに「のどがいたい」と訴えがあったので、手洗いをして、2回うがいをさせた。 ・園では、11月下旬から嘔吐などによる欠席児童が出ていた。本児の顔色、おなか、悪寒などの症状から、嘔吐の風邪の疑いをもち、吐いた場合を想定して、洗面器やティッシュを用意。
17:00 頃	・保育士Dは、祖母に状況を伝えるために電話をかけるが、留守。留守番電話に「眠っていて、いつもと様子が違うので、折り返しの連絡がほしい」と伝言を残した。 ・お迎えを待つ間、保育士DとEが交互に見守りをした。本児は、しばらく横になっていると、寝入ってしまった。その後、保育者は本児の手足をさすったり、検温を3回（いずれも36.4℃）行ったりした。
18:20 頃	・祖母がお迎えに来る。 ・保育士Dが、転倒があったことを謝罪した。 ・園では、嘔吐の風邪がはやっており、吐いた場合を想定して見守りをしていたことを伝えた。 ・祖母の車の後部座席に乗って、帰宅。
19:45 頃	・家で様子を見るが、顔色が悪いので、救急車を要請。病院Aへ搬送。
22:18 頃	・病院Aでは治療ができないので、病院Bへ転送。

平成28年12月14日（水）

時　刻	内　容
5:12	・死亡。
5:45 頃	・母親から、保育士DとEに、本児が亡くなった旨の連絡が入る。
6:00 頃	・警察から園長に、本児は5時12分に搬送先の病院で亡くなったこと、園の現場検証を行う旨の連絡が入る。

② 保護者からのヒアリング内容
（当日の様子、降園後の自宅までの様子、自宅到着時や救急車を呼んだときの様子）

登園時
・いつもと変わらず、走る様子もあり、元気に登園した。

降園時
・部屋に入ってすぐの所で横になり、自分のジャンパーを掛けられ、顔面蒼白状態の本児がいた。
・担任から以下のような話があった。
　「ウッドデッキ上にある、近づいてはいけないサッカーゴールにつまずいて転倒したと思われるが、誰も転倒した様子を見ていない、私たちは会議に出席していたため見ていない、アルバイトは外にいたが見ておらず、どのようにして転んだかわからないが痣や外傷はない、転んでから眠る様子があったり、寒いと言ったり、喉が痛いということを言っていた」
　「看護師の方が診て、吐く様子もないし、脈もしっかりしている。危険な状態ではない」
・「家で様子を見るように」と言われ、本児の靴と荷物を持って車に乗せる。

車中
・本児の母親に連絡。母親は、「肺や脳に影響があるかもしれないから、救急車要請」と言ったが、看護師が「様子を見るように」と言ったと聞いたこともあり、20時に開く緊急外来に連れて行くことにした。

帰宅後
・本児は変わらずぐったりしており、車からベッドへだっこで運んだ。
・スポーツ飲料をストローで一口飲ませるが、それ以上は飲まなかった。
・その後「うんち」と本児が言葉を発したため、だっこしてトイレに連れて行った。
・本児のぐったりした様子や、顔面蒼白の顔色に異変を感じ、救急車を要請した。

③ 病院の関係者から保護者が聞いた内容

病院B
・死亡後、外傷により臓器損傷し、出血性ショックで亡くなったと思われる。詳しい原因究明は病院ではできない。

司法解剖結果
・腹部打撲による臓器損傷による出血性ショック。

新保庄三さん

寺町東子さん

転倒事故から学ぶ　対談 ❶

事故後の検証が防止につながる

「大丈夫？」はNG

新保　この事故の報告書を読んで、最初に子どもに言葉をかけたとき、「どうして入ってはいけない場所に入っちゃったの？」という思いをもちながら「大丈夫？」と言葉をかけているようにわたしには感じられました。もちろん、言葉をかけた保育者には悪意はないのでしょう。でも、そうなると、聞かれた子どもは、「大丈夫」と答えるほかありません。なぜなら、6歳の子ども自身も「行ってはいけないと言われた場所に入ってしまった」という思いをもっているからです。最初に「どこを打ったの？　痛かったでしょ？」と共感的な言葉で聞いていれば、その後のやり取りも変わってくるのではないでしょうか。「大丈夫？」という言葉で、いろいろなことを封じてしまったような気がします。

　　寺町　そうですね。まずは、「5W1H」＊を明らかにすることが大事なのであって、大丈夫かどうかを子どもに判断させてはだめですね。高校生の熱中症による死亡事故でも、すでに意識障害が出ているのに、引率の先生は何度も「大丈夫か？」と聞いているのです。それで、その度にその子がうなずいたり、「大丈夫です」と言ったりしたから、先生は「大丈夫だと思った」そうです。でも、その子は亡くなってしまいました。子どもにかかわる大人は、「大丈夫か？」と聞くことをやめないといけません。
　　＊5W1H＝いつ（When）どこで（Where）だれが（Who）なにを（What）なぜ（Why）どのように（How）

新保　今回の事故は、パート契約の看護師が退勤した後に起きた事故で、医療のプロが不幸にも不在でした。結果として、保育者が判断をしましたが、ここで看護師の代わりに保育者が判断するべきではありません。医療に関することは医療の専門家ではない保育者が判断してはいけないのです。
　実はこの園の概要を確認すると、0歳児クラスの定員が7名でした。ここにも、リスクが隠れています。7名というのは、看護師が常駐しなくてもいい人数です。実は、こういう園はとても多いのです（9名から常駐）。こうしたことが事故の背景としてあることも見落としてはいけないと思います。

事故後の検証の大事さを実感

寺町 この報告書を見て、気持ちが悪いのは、どこで、どういうふうに転んだのかが書かれていないということです。「サッカーゴールのネットに引っかかって転んだ」とは書いてあるのですが、どういうふうに転んだのかはわからないのです。また、サッカーゴールが置いてあった場所を簡単な図面で説明してあるのですが、例えば、ゴール部分がこちらに開いていたのか、背を向けて置いてあったのかなど、詳細がわかりません。デッキの上に置いてあったということなのですが、すり抜けることができたのか、デッキの幅いっぱいいっぱいだったのか。また、子どもはどこから走ってきて、どちらへ向かおうとしていたのか。ゴールに激突したのか、デッキの上で転んだのか、縁なのか、地面に落ちたのか、転んだときゴールの枠とかデッキの縁とか硬い物がおなかの下になかったか。見ていた人がいたのか、いないのか、鬼ごっこをしていたというのだから、この子を追いかけていた子がいないのか、そういうことが何も書いていないのです。

新保 事故の後、現場検証をしています。そのとき、おそらく実際に誰がどこにいたかを振り返って検証しているはずです。でも、そうしたことも書かれてはいない。今後、やはり事故の検証の流れを写真などに撮って残しておくことが、事故防止という意味からも必要ではないかと思います。平成28年3月31日付けで内閣府より「教育・保育施設等における重大事故の再発防止のための事後的な検証について」[*]が通知されました。具体的な検証のすすめ方や報告書の作成など、具体的な内容が記載されています。改めて、職員全員で読み直しておくといいのではないでしょうか。

*ホームページアドレスをP.37で紹介しています。

寺町 「死亡に発展する恐れ」を除外していくために、転倒が起きた直後は「どこで、どうしたの？」と聞く必要がありますよね。そのときに、どこでどうやって転んだのか、どこを打ったのか、どこで打ったのかを聞いておかないといけません。報告書では、左肩を打ったと書いてありました。左肩ということは、おなかは打っていないのでしょうか。でも、当の子どもは、おなかが痛いと言っています。どういうふうに転んで、身体のどこを何にぶつけたのかということを、現場でも報告書でも特定していないのです。

事故への対応も振り返りも全職員で

新保 そして、もう一つ。今回の報告書を読んで疑問を感じたのは、日常的に子どもを見ていながら、だれも「いつもと様子が違うな」と感じなかったことです。それと、勤務ローテーションの関係でしょうが、この子を見守る人が次々と変わっていきます。園長とか副園長とか、だれかがリーダーになって、「少し様子を見よう」とか「10分おきに様子を見よう」と、チームで対応を検討する体制が整っていれば、気づくことがあったかもしれません。

寺町 保育環境にかかわる側面では、子どもがさわれる場所にさわってはいけない物（サッカーゴール）を置いてあったという事実も見逃せません。保育所保育指針の改訂などで、保育の質を高めるために「主体的で対話的な保育＝学びの芽生え」が大切といわれています。それは、言い換えれば、保育者が子どもに「だめ」「やめなさい」という言葉かけをしない保育を目指すということですよね。そのためには、保育者がちょっと目を離しても事故には至らないという自信をもっていられる環境が必要不可欠です。子どもの行動を待つというのは、保育者の胆力も必要ですが、保育者が待っていられる環境でないと、見守ることはできないですよね。

新保 そのためには、やはり自分の園が安全かどうかを確認し、点検する体制を整える必要があると思います。でも、その体制も、例えば、日頃からクラス内の点検をクラス担任が行っているようでは、意味がありません。なぜなら、見続けている環境は、いつのまにか風景になって、気にならなくなってしまうからです。

　自分の園の安全をどう確保していくかを、職員全員で考えないと。起きてしまった事故に対処しているだけでは、防止にはなかなかつながらないと思います。第1部で紹介している南つくし野保育園の実践例などを参考に、ぜひ、自園の安全管理について具体的に行動を起こしてください。

事故事例　転倒事故

資料

「教育・保育施設等における事故防止及び事故発生時の対応のためのガイドライン」より
事故の再発防止のための取り組み　参考資料

施設内設備のチェックリスト
「上尾市立保育所危機対応要領 資料編（上尾市作成）」
●施設内設備（環境上の点検事項）

正門	きちんと開閉する。	
	ストッパーがついている。	
	鍵がきちんとかかる。	
	子どもが一人で開けられないようになっている。	
	外部から不審者が入れないように工夫してある。	
出入口	きちんと開閉する。	
	障害物がない。	
	指詰め防止の器具がついている。	
	鍵がきちんとかかる。	
	延長保育時の保護者の出入りの工夫をするなど、不審者対策を行っている。	
保育室	保育室・職員室が整理整頓されている。	
	ロッカー・棚及び上においてあるものが固定されている・角が危なくない。	
	くぎが出ていたり、壁・床等破損しているところがない。	
	画鋲でとめてある所にセロハンテープがついている。	
	子どもが触れる位置にある電気プラグは防止策をしている。	
プールサイド	柵・床が破損したり滑ったりしない。	
	水をためたり、排水がスムーズに流れる。	
	プール内外がきちんと清掃されている。	
	プール内外に危険なもの不要なものが置かれていない。	
階段	破損部分がない。	
	すべり止めがついている。	
	手すりがきちんとついている。	
	妨げになるものが置いていない。	
	死角になるところがない。	
	2階の柵がきちんと設置されている。	
園庭	危険なものが落ちていない（煙草の吸殻・犬猫のふん他）。	
	木の剪定（せんてい）がされている。	
	砂場が清潔に保たれている。	
	柵・外壁・固定遊具などの破損がない。	
	死角になるところがない。	
	雨上がりの始末はきちんとされている。	

事故検証 2
プールでの事故

S市認可保育園の場合

S市社会福祉審議会特定教育・保育施設等重大事故検証専門分科会が、事故の再発を防止する見地から行われた検証をまとめた報告書より、事故の概要と、本事例の主な課題と提言を抜粋して紹介します。

■事案の概要
平成29年8月24日、A園の3歳児クラスに通う本児が、午後のプール活動実施中に浮いているのが見つかりました。意識不明・心肺停止の状態であったため、心臓マッサージ、人工呼吸、AEDを使用した救命措置を行ったところ、心拍及び自発呼吸を再開しましたが、意識が戻らないため救急搬送されました。しかし、救急搬送先の病院にて、翌日未明に死亡が確認されました。

当日の天候（参考：気象庁データ）
天 気＝晴れ
最高気温＝36.3度　　最低気温＝25.0度　　平均気温＝29.6度

経緯

平成29年8月23日（火）

時　刻	内　容
21:00	・本児就寝。

平成29年8月24日（水）

時　刻	内　容
7:00	・本児起床。　・体温＝37℃。 ・プール利用「○」。　・少し咳あり（本児親からの連絡帳より）。
9:20	・3歳児：散歩（本児を含む）。
10:15	・3歳児：散歩より帰園（本児含む）。
10:30	・3歳児：プール活動（本児含む）。 ・本児の状況：普段と変わった様子なし。

事故事例　プールでの事故

11:10	・3歳児：プール活動終了。
11:30	・3歳児・4歳児・5歳児：昼食（給食）。 　給食献立／本児の摂取状況 　　もやしニラ磯和え（半分）　アジ塩焼き（2／3）　切り干し大根（完食） 　　白飯（半分）　味噌汁（キャベツ・舞茸・木綿豆腐）（完食）
12:00	・3歳児：午睡就寝（本児含む）。 ・本児の午睡時の状況：少し咳あり。
14:30	・3歳児：午睡起床（本児含む）。
15:00	・3歳児：おやつ献立・1人あたり223グラム（ミネストローネ他） ・本児の摂取状況：おおよそ103グラムを摂取。
15:15	・本児、おやつを食べ終える。
15:20	・本児、プールへ移動。 ・本児の状況：保育中に気になる様子なし。
15:25	・3歳児：6人（本児を含む）がプールに入る。 　※合計20人（5歳児9人、4歳児5人、3歳児6人）の園児がプールに 　　入っていた。
15:30	・プール配置の保育士が1人から2人となった。
15:35	・2人の保育士がやぐらの上に乗せてあった滑り台の片づけを開始。 　（以後、監視に専念する者なし） ・プール内の保Aがやぐらに乗り、プール外の保Bにやぐらからはしごを渡す。 ・はしごを受け取った保Bがプール右側に置く。

第2部　重大な事故事例から学ぶ安全な保育　83

15:36	・2人の保育士がやぐらの反対側へ園児を退避させた後、やぐらの上の滑り台をプールの中へ一旦下した。 ※プール内の園児や全体を見回し異常がないことを確認。		・台の上の保Aが子どもをプール左側へ誘導。 （おぼれている子はいなかった） ・滑り台を外し、プールへ流す。保Bがプール外から受け取る。
15:37	・プールの中の滑り台を外に出すため、2人の保育士が立ち位置を変えた。		・保Aと保Bがプール内外で位置を入れ替える。 （この際もおぼれている子はいなかった）
15:38〜	・2人の保育士で滑り台をプールの外に置く。→1人の保育士が園舎に戻る。 ・残った1人の保育士が、園児の「あっ」と驚く声と同時に振り向くと、本児が水に浮いていることに気付く（水深55㎝付近）。 ・保育士が救助し、プール出入用の戸板の上に運ぶ。 ・騒ぎに気付いた0歳児クラス担当の看護師が駆けつける。 ・自発呼吸がなかったため看護師による心臓マッサージ及びAED使用。 ＊AEDは、「使用の必要ありません。心臓マッサージと人工呼吸を続けてください。」とのアナウンス。 ＊搬送先の病院に記録を提出。作動に問題ないことを確認。 ・保育士による人工呼吸（マウス・トゥ・マウス）の実施。 ・119番通報：市消防指令センター入電（15時38分）。 ・搬送予定の病院より、ドクターカー派遣。 ・おやつに食べた固形物を吐き出したが水の吐き出しはなし。 ・心拍再開、自発呼吸再開、引き続き意識は不明。		・保Aが滑り台を外に降ろし、振り返ると本児を発見。同時に園児の「あっ」という声。 ・保Bは既に屋内へ移動。 ・保Aが救命開始。

事故事例　プールでの事故

時刻	内容
15:44	・消防隊到着→救急車により本児を搬送。 ・ドクターカーと合流し、本児を搬送。
15:46	・市主催研修に出席していた園長へ、A園より研修会場を通じて一報。
17:00頃	・園長が搬送先に到着。

平成29年8月25日（木）

時刻	内容
3:43	・本児死亡。

プールの実施状況（抜粋）

・プールは、保護者会と相談し、8月24日（事故当日）に撤去することが決まっていた。
・プールを利用しながらの片づけは予定していなかった。
・滑り台の撤去は現場の判断で行われた。
・保護者からの連絡帳によりプール利用「可」との申し出であっても、当日の園の判断（顔色、咳、遊び具合等）でやめさせることもあった。また、園児がプールに入りたがらない時は、園児の意思を尊重し、その園児のプール利用は取りやめるようにしていた。
・事故当日の午後のプール実施については、園児の体調等に配慮しつつ、プールに入るかどうかについては、園児の自主性に任せていた。
・プールは、通常、午前、午後共にクラス（学齢）単位で実施し、午後については、冷房をなるべく使わない園の方針から、汗取りの目的で実施していた。
・事故の起きた週は、プール締めの週であったため、園児がより楽しめるよう、いつもよりプールの水位を上げていた。
・事故当日の午後は、異なった年齢の園児が同時にプールを利用していた。
・事故当日も含め、経常的に水温の測定、管理及び記録なし。
・毎日、プール内の水の排水後に、プール内の拭き掃除を実施し、実施前、実施後共に破損等の確認を目視と触診で行っていた。

第2部　重大な事故事例から学ぶ安全な保育

プール事故から学ぶ　対談❷

新保庄三さん
寺町東子さん

いくつもの「なぜ？」が隠れている

基本の大事さを痛感

寺町　報告書に水温の記録がないので、推測の域を出ませんが、のぼせて意識を失ったり、溺れたりするきっかけに繋がった可能性が考えられます。この園のプールは南西に開いていて、午後からの日ざしをまともに浴びるので、かなり水温が上がっていたのではないでしょうか。仮に、水温が30度だったとしたら、報告書によれば、当日のこの地域の最高気温（気象庁データ）が36.3度なので、水温と気温を足すと66.3度になります。水温と気温を足して65度を超えると、のぼせやすくなって危険だと言われています。ちなみに、競泳のプールは水温を28度以上にしないそうです。これは、水中で運動して熱を産生するので、水温が体温に近くなると、熱が発散しづらくなるからだということです。

新保　わたしが事故報告書を読み直してみて、いちばん気になったことは、「キホンのキ」ができていないということでした。今、寺町さんからプールの水温がわからないというお話が出ました。確認してみると、水温なども測っているのですが、記録に残っていないのです。記録に残っていないということは、測っていないことと同じことです。
　報告書の中に、「プール実施状況」というのがあって、「プールの実施は、天候や気温で判断しており、園長や特定の職員が実施を決めるのではなく、保育士が相談し決めていた」と書いてあるのですが、実際に誰が決めたのか、A保育士なのか、B保育士なのかが書いていないのです。もちろん、決めた時刻も書いてありません。また、「事故当日も含め、経常的に水温の測定、管理及び記録なし」「水質の測定、管理及び記録なし」とあり、ふだんから何も記録していないことがわかります。
　また、「保護者からの連絡帳によりプール利用『可』との申し出であっても、当日のA園の判断（顔色、咳、遊び具合等）でやめさせることもあった。」と書いてあります。でも、その後に、「事故当日の午後のプール実施については、園児の体調等に配慮しつつ、プールに入るかどうかについては、園児の自主性に任せていた」とも書いてあるのです。「自主性」と言いますが、友達がみんなプールに入る状況で、子どもに「どうする？」と聞いたら、「入る」と言うに決まっています。先に挙げられている「A園の判断（顔色、咳、遊び具合等）でやめさせることもあった。」とは矛盾する内容です。

新保 さらに、「プールは、通常、午前、午後共にクラス（学齢）単位で実施し、午後については、冷房をなるべく使わないA園の方針から、汗取りの目的で実施していた」とあるのに、「当日の午後は、異なった年齢の園児が同時にプールを利用していた」とも書いてあります。ここにも、矛盾があります。

　この事例について、保育に携わる人たちから2つの疑問が出されました。1つは「午前と午後のプール利用」についてです。1日に2回のプールあそびが妥当かということ。もう1つは、プールの大きさ（縦600×横470×深さ60〜77cm）です。なぜ、大きいプールの中で、異年齢があそんでいたのか、でした。そして、何よりも、予定していなかった、プールを利用しながらの片づけやすべり台の撤去をなぜ行うことにしたのか。そのために監視がきちんとなされなかったことは重大な問題点です。

プール活動の要注意事項は

寺町 プールの事故の報告書をいくつか読んでいるのですが、共通しているのは、プール活動が「水泳指導」ではなくて、「自由あそび」「水あそび」のときに事故が起きているという点です。また、すべて3歳児以上です。未満児の場合は、水たまりのような浅さでぴちゃぴちゃあそんでいます。だから、目を離さなければ、おぼれることはありません。でも、幼児クラスになると、大きいプールになって、見ているつもりなのに、おぼれを発見できていなくて、かつ自由あそびの状況です。プール活動を「水泳指導」と位置づけている場合と、「自由あそび」と位置づけている場合がありますが、スイミングスクールでの死亡事故って、あまり聞かないですよね。なぜなら、水泳指導では、規則的にみんなが動いているので、そこから外れた動きの子どもがいると一目でわかるからです。

　一般のプールでも、水の中にいる人たちがそれぞれ、ごちゃごちゃと動いていますよね。以前、レスキューの訓練用の動画を見たことがあるのですが、遊泳用のプールでたくさんの人がごちゃごちゃと動いている中で、レスキューの人がピーッと笛を吹いて助けに行くいろいろな場面を延々と流しているんです。つまり、ごちゃごちゃしている中で、どうやって発見するかという訓練ですね。人がごちゃごちゃ動いていることと、おぼれている人が見つけにくいことがリンクしていて、事故が起きているのです。

　対策としては、「自由あそび・ごちゃごちゃ」を避けるためにどうすればいいかということではないでしょうか。例えば、ワニ歩きやフープくぐりなど同じ活動を同じ方向で行うとか、人数を制限して少人数で短時間に区切るとか、できることがあるはずです。

　保育所保育指針などの3法令には、「水泳指導をしなさい」とは書いていないので、何を獲得目標にしてプール活動を行うのかを明確にする必要があると思います。実際、「浮き身は、全員獲得する」といった明確な目標を置いて、プール活動を行っている園では、事故は起きていないですね。他方、「水の感触を楽しむ」とか、今回の事故のような「汗取り」といった目的であれば、ピチャピチャ程度の浅い水でいいし、ホースの水とかシャワーのような形で十分ですよね。

新保 それが、その日はプールの最終日ということで、いつもより深い水深にしていますね。こういう事故があると、感じることですが、危機管理とは、子どもを管理することだと解釈する現場の勘違いがあるのではないでしょうか。さらには、子どもを管理するということは、子どもの自由な活動を管理することだと思っている傾向があります。そうではなくて、子どもの命を管理することなのです。ある園で、保育士が子どもを並べて、顔を水につけるとかの練習をさせたところ、「子どもの自由を奪っている」という指摘が寄せられたそうです。でも、水の中で自由を獲得するためには、泳げないといけません。泳げないのであれば、おぼれない環境での水あそびにすればいい。

でも、いろいろな園でプール活動を見ると、「水あそび」だといいながら、水あそびの環境ではないという現場がたくさんあります。「水あそびなのに、どうしてこんなに大きなプールで、こんなに水が深いのですか？」と聞いても、だれも明確に答えられません。

今回の事故でも、大きなプールの監視が保育士2人というのは、考えられないです。やはり、プールの中にいる人、監視する人、あとは途中でのトイレとかを誘導する人、3人は必要だと思います。内閣府より、平成30年6月8日に通知された「教育・保育施設等においてプール活動・水遊びを行う場合の事故の防止について」を改めて確認してほしいと思います。また、平成30年4月24日に消費者安全調査委員会より発表された「教育・保育施設等においてプール活動・水遊びに関する実態調査*」では、附属資料として園長用、スタッフ用それぞれの「プール活動・水遊びに関するチェックリスト」は活用度の高い資料です。ぜひ有効活用を図ってください。

*「教育・保育施設等においてプール活動・水遊びに関する実態調査」のホームページアドレス
http://www.caa.go.jp/policies/council/csic/report/report_003/pdf/report_0003_180424_0001.pdf

「危機管理」の認識を正しくもちたい

寺町　新保さんもおっしゃるとおり「危機管理」を「子どもを管理する」ことだと思っていて、子どもを管理するのはよくないという考えから、結果として危機管理を避けている傾向はないでしょうか。

新保　そうですね。ですから、今回も、行政からのさまざまな通知を園長先生は読んでいるけれど、職員には伝えていない。子どもの自主性・自発性を大事にした保育をすればするほど、そのことを保障する安全管理、つまり危機管理をしっかりすることだということを徹底してほしいと思います。そうしないと、逆に子どもの身体（行動）を徹底的に管理して、子どもの発達とか育ちを無視するような保育をする現場が生まれてきてしまいます。そうはならないようにしたいですね。

　ですから、この事故事例は、せっかくいい保育を目指して実践しているのだから、危機管理をもっと高めてほしいという思いで取り上げました。その意味で、注目したいのが、「4分間以内なら救える」という話です。

　4分間という時間を身体で実感してほしいと思って、研修会などで、参加者に目を閉じてもらって、「4分経ったと思ったら、手を上げてください」と投げかけています。すると、皆さん「長い」と感じるようです。だから、「その長い4分間で、子どもが救えるんですよ」と話をするようにしています。

寺町　今回の事故も、目を離していた時間は長くはないのですが、おぼれていることに気づいていなかったのだろうと考えています。おぼれている人を発見するのって、難しいんですよ。おぼれている姿には、「けのび」のような姿勢で水に浮いている場合と、水の底に沈んでいる場合があります。だから、監視する人は、水面及び、水面から下を見て、指導の人は水面から上を見るという役割分担を明確にしておくことが必要です。あとは、新保さんもおっしゃっていたように、子どもからのいろいろな訴えに応える人と、絶対3人は必要なんです。

　報告書では、15時36分に「プール内の園児や全体を見回し、異常がないことを確認」とありますが、おそらく実際にはおぼれていたのに気がついていなかったのだろうと推測されます。なぜなら、報告書にあるように「15時38分、園児の驚く声」で、子どもがおぼれたとしたら4分以内に気がついているわけですから、間に合ったはずです。でも、実際には間に合わなかった。ということは、その前におぼれていたことになりますから、ここは、論点ということになりますね。つまり、助からなかったことから逆算すると、気づけなかったということが浮かび上がってくるのです。

新保 なかなか保育現場では、おぼれる姿を見つけられないですね。保育士に見る力が育っていないのだろうと思います。転んだり、ぶつかったりする姿はイメージできるし、ある程度予測もできるのだけれど、「沈む」という姿は予想できない。だから、監視する人は、子どもの姿を見るというよりは、水面と水面の下を見ることを徹底してほしいですね。

寺町 水泳指導の後、最後に自由あそびの時間を設けると、子どもは教えてもらったことをもう一度やってみようと個々に試しますよね。そのとき、面かぶりの練習でけのびをしている姿をその子が「少しでも長く」と思って浮いているのか、おぼれて浮いているのかを見分けることは本当に難しいですよ。だから、泳げる深さのプールに大勢の子どもを入れての「自由あそび」というのは、やめてほしいと思ってしまいます。

新保 室内で、いくつかのコーナーを作って、活動を分けている現場が多いでしょ？それぞれのコーナーに保育士が付いて、見守ったり援助したいね。プール活動も、ぎっしりと細かなマニュアルを作るのではなくて、大切な要点を挙げていくようなやり方って、できないのかなと思いますね。そうでないと、振り幅が大きくて、「する」か「しない」になってしまうから、それはいかがなものかと思いますね。

あと、今回の事故もそうですが、園長が不在の時に大きな事故が多いですね。また、園長が不在のときの園長代理を誰がするのかを、職員間で共有できていないことも多いですね。園長には園長の仕事がありますから、不在になることは仕方がないのですが、たとえば、園長も主任も不在の時などの体制が整っていない現場が多いです。この点も大事な課題だと思います。

事故事例　プールでの事故

資料

「教育・保育施設等における事故防止及び事故発生時の対応のためのガイドライン」より
重大事故が発生しやすい場面ごとの注意事項について

プール活動・水遊び

Point　プール活動・水遊びの際に注意すべきポイント

・監視者は監視に専念する。

・監視エリア全域をくまなく監視する。

・動かない子どもや不自然な動きをしている子どもを見つける。

・規則的に目線を動かしながら監視する。

・十分な監視体制の確保ができない場合については、プール活動の中止も選択肢とする。

・時間的余裕をもってプール活動を行う。等

大事なポイント

幼児のプールは少なくとも3人の保育士が必要。スタッフが確保できない場合は、中止も選択肢に。

監視者は、水面反射の死角を避けるためプールの周囲を移動しながら、水面及び水面から下の、動かない子どもや不自然な動きをしている子どもを見つける。

プールの中にいる保育士は水面から上を見る。

プールサイドにいる保育士は子どものさまざまな訴えに応える。

第2部　重大な事故事例から学ぶ安全な保育

事故検証 3
おやつでの誤嚥（ごえん）事故

T市公立保育園の場合

事故後、第三者により組織する事故調査委員会が「事実関係を明らかにするとともに、今後の防止策を検討する」視点からまとめられた報告書より、事故が起きた原因と考えられる状況と、実現可能と思われる物に限定された再発防止のための提言の主な内容を紹介します。

■事故の概要

平成24年7月17日、A園の2歳女児が、おやつに出された白玉団子をのどに詰まらせる事故が発生しました。本児は、この事故によって窒息状態に陥って意識不明となり、救急搬送されたものの、一度も意識を回復することなく、平成24年8月19日に亡くなりました。

保育状況

2歳児＝28人　保育士6名（A～F）　事故当時は看護師は不在（午前中のみの勤務）
給食・おやつ＝市立各園が同じ献立のため、外部機関（財団法人T県学校給食会）より納品される

主な経過

平成24年7月17日（火）

時　刻	内　容
15:30頃	・園長と主任がおやつの検食。 ・A保育士は、早退する園児の降園準備。ほかの保育士は、午睡の片づけと園児の着替え、排せつの介助をし、おやつの準備を行う。
15:45頃	・A保育士は入り口で早退する園児を保護者に引き渡す。 ・B保育士がおやつのメニューを紹介。団子があるので、よくかんで食べるように園児たちに伝える。 ・B～F保育士は、立って室内全体を見ていた。
15:46頃	・みんなで「いただきます」のあいさつをする。 ・A保育士＝早退する園児の送り出しのため本児を見ていない。 ・B保育士＝挨拶の後、支援児のいるテーブル1の園児を見守る。 ・C保育士＝本児の左隣に座り、本児がいるテーブル2の園児全体を見るが、本児が白玉団子を口に入れる様子は直接見ていない。

事故事例　おやつでの誤嚥事故

15:46 頃	・D保育士＝挨拶後、テーブル3につく。 ・E保育士＝挨拶後、テーブル4につく。 ・F保育士＝挨拶後、テーブル5につく。
15:49 頃	・本児がせき込むように牛乳を吐く。 ・近くにいたC保育士が気づく。ほかの保育士は気づいていない。
15:50 頃	・C保育士が、「大丈夫？」と声をかけ本児の様子をのぞきこむ。果物を食べた様子があった。入っていたはずの白玉団子がカップになく、白玉団子を詰まらせているらしいことがわかる。 ・本児の様子を知ったA保育士が本児の上半身を下に向け、背中を強くたたく。さらに本児を逆さにして背中をたたく。
15:51 頃	・知らせを受けて保育室に来た園長と主任保育士に、A保育士が本児の背中をたたきながら、本児の様子を伝える。
15:52 頃	・園長が救急車要請。 ・主任保育士が本児の自宅に電話をかけ、母親に伝える。 ・本児の意識がなくなり、顔色が青ざめていく。 ・A保育士以外の5人の保育士は、ほかの園児を連れてホールに移動。
15:55〜58 頃	・救急隊員がドクターヘリを要請するが、悪天候のため出動できなかった。
15:56 頃	・救急車到着。
15:57 頃	・救急隊員が接触確認（心肺停止確認）、胸骨圧迫開始。 ・喉頭鏡で口腔内を確認、粘液等を吸引器にて吸引、異物の視認が困難。
16:01 頃	・母親が到着。救急車の中に入る。
16:05 頃	・胸骨圧迫をしているうちに白玉団子がとれる所まで出る。異物がとり除かれ、救急車出発。 ・人工呼吸、胸骨圧迫併用で心肺蘇生法を行いながら病院に向かう。
16:20 頃	・受け入れ先病院に到着し、処置を行う。
16:34 頃	・医師が家族に本児の心臓が動き出したことを説明する。
17:05 頃	・本児が集中治療室（ICU）に入る。

平成24年7月21日(土)

| | ・本児が一般病棟に移る。 |

平成24年8月19日(日)

| 9:38頃 | ・意識を回復することなく、死亡。 |

白玉団子の詳細

本件事故の際、提供された白玉団子は、直径2cm程度のほぼ球状の形を有するもので、フルーツポンチの具として、スプーンで食べることを予定してフルーツと共にカップに入れて提供された。

市内11箇所の公立園のこの日の白玉団子の提供の仕方を調べると、調理員欠席のために献立を変更した1園を除いて、A園以外は、いずれも白玉団子を「入れない」「1/6大に切る」「1/2に切る」「2歳児の低月齢児は1/2〜1/4に切る」状態で提供していた。A園だけが2歳児全員に原形のまま提供していた。

事故原因と考えられる主な状況

本件事故の原因が、本児に原形の白玉団子が提供された点にあることは明らかであるが、その背景には、大きく以下の3点が挙げられる。

①各職員の職務分担が不明確

めいめいに「誰かが適切な対応をとる」あるいは「誰かが問題ないと判断したのであろう」と考え、危険性が指摘されなかった。つまり、主体的に誤嚥防止に責任を負う者が不明確であった。

②職員間の連携の悪さ

危険性が指摘されなかった原因としで、要約すれば職員間の連携の悪さがある。園には、正規職員、嘱託職員、臨時職員などの雇用形態の異なる保育士が協働しているが、例えば、職員会議に出席する職員は原則的に正規職員のみであった。また、市の合併に伴い、より多くの園にまたがって携わる栄養士の負担が増え、移動時間の関係で、食材に関する危険性を全園統一的に確認する機会となる調理員会議の時間が十分に取れない状況にあった。

③県内の同種の事故の情報が周知されていない

市の子ども課と学校教育課は、別組織の色彩が強く、進学に関する情報交換が行われていた程度だったので、県内の小学校で2年前に起きている同種事故の情報が周知されていなかった。実際、聴取に応じた多くの職員が「M市の小学校の事故を知らなかった。知っていたら、白玉団子は使わなかっただろう」と回答している。

事故事例　おやつでの誤嚥事故

誤嚥事故から学ぶ　対談❸
安全な保育に必要なこと

新保庄三さん

寺町東子さん

この事故の特徴的な背景に注目

新保　この事故については、今、合併などで自治体がどんどん大きくなる中での保育行政を背景にしていることを押さえておかないといけません。この園は、T市の合併で、市の基幹的な園として位置づけられている市内最大の大型園です。定員が130名に対して、在籍園児数が144名。職員の人数が34名ですが、正規と非正規で分けると、非正規の職員が50％を超えています。わたしの計算では、64％くらいになります。そして、正規の職員しか、職員会議に出ません。加えて、栄養士さんも正規ではありません。

報告書では、市内11か園の白玉団子の提供の仕方を調査した結果が載っていますよね。2歳児に原形のまま出したのは、2園だけで、そのうちの1園は月齢の低い2歳児には保育室で保育士が1/2～1/4に切って出しています。だから、原形のまま出したのは、事故が起きた園だけということです。

さらには、だれが、いつ、どこで、2歳児に原形のまま出すことを決めたのかもよくわからないという、典型的な保育園のチームミスだと思います。しかも、不幸にも以前、同じような事故が県内の小学校で起きているにもかかわらず、誰もそのことを知りませんでした。こういう状況を考えると、今回の事故は、危機管理システムそのものに問題があると思っています。

寺町　全園の栄養士が集まる給食会議で、前年の12月に白玉団子をどういうふうに与えるかについても申し合わせを行っているのですが、事故があった年の4月の異動で、この園に新たに来た栄養士さんは小学校から来た人だったそうです。だから何歳はいくつに切るというような申し合わせが伝わっていませんでした。さらには、この園は上のフロアには子育て支援センターがあるのですが、保育園の園長の管理の下にある人なのか、子育て支援センターのセンター長の管理にある人なのか、どっちかよくわからない人が4人くらいいて、体制的にとても問題があったと感じています。

新保 先ほどもお話ししたように、職員の割合が、正規職員が36％、非正規が64％となりますが、今、地方では、公立保育園の名の下に正規職員が50％を切っているところが増えています。しかも、寺町さんがおっしゃるように、栄養士さんや調理師さんが小学校から異動してくると、保育園の仕事は難しいです。学校給食は、規模が大きいので、仕事の分担が徹底しています。でも、保育園では、いろいろなことをやらないといけません。年齢によって提供する時間が違ってくるなど、とにかく、学校給食とはまったく違う現場です。

　だから、正規であろうが、非正規であろうが、園でやらなければいけないことをしっかり話し合わないといけないのに、非正規の人たちは職員会議にも出ないし、時間が来たら帰ってしまうわけです。そういう状況をしっかりと検証していく必要があると思います。

　あとは、「年々かむ力が弱くなっている」といった子どもの育ちに対しても、認識が甘い印象をもちました。「去年は大丈夫だったから、今年も大丈夫」というような「馴れ」があったのではないでしょうか。「子ども一人一人を大事する」と言いながら、実は大事にしていないと感じてしまいます。合併して、大きな園になって基幹的な役割を担うはずなのに、実態は則していないわけですから、そうした体制の問題のしわ寄せが現場に掛かってしまったのではないでしょうか。

　ですから、この事故は、労働環境の整備や労働条件の見直しに焦点を当てる事例だと思います。条件のよくない認可外のような園でなく、公立園でもしっかり中身の体制を整えないと、こういう事故が起きるということを示唆している事例ですね。

立場ではなく、専門家としての責任感を

寺町 先日、ロンドンで幼稚園や小学校、学童保育を視察したのですが、例えば、多くのスタッフがパートタイマーで従事していたとしても、全員が**セーフガーディング講習**[*]を受けているとか、**セーフガーディングオフィサー**[**]がいないといけないとか、正規とか非正規とか関係なく、子どもに関わる以上は、安全にかかわることは全員が押さえていないといけないということになっていました。もし、オフステッドという政府機関の監査が入ったときに、非正規の1人がセーフガーディングの質問に答えられなかったら、その園全体の評価が落ちるわけです。つまり、正規・非正規で区別していなくて、全員できないといけないということですが、それって、あたりまえのことですよね。

[*]児童虐待の徴候を認識し、報告し、保護するための手順と責任に関する講習。
[**]セーフガーディング講習のレベル3を修了した者で、自身のみならず子どもの施設で働く職員が児童保護を確実に実施できるよう情報共有する役割を負う。施設に1人以上セーフガーディングオフィサーを置かなければならない。

事故事例　おやつでの誤嚥事故

新保　今、寺町さんがおっしゃったことがあたりまえになる社会を作っていかないといけないですよね。子どもにかかわったら、その時間は、正規とか非正規とか関係なくしっかりやらないといけないという認識を共有したい。非正規は正規の補佐みたいなことではだめでしょう。公立園は今、どんどん正規を減らして、非正規で展開しようとしています。給与体系が違うから、立場や責任も違うと考えるのかもしれませんが、子どもの前に立てば、専門性は同じです。だから、おっしゃるように、専門家として入ったのであれば、非正規であっても正規と同等の権利も義務もあると考えるべきです。

寺町　そうですね。専門家として入ったのであれば、「非正規だから」というのは通らないと思います。

　嚥下機能は、認知・咀嚼・嚥下の3段階に分けられるのですが、認知が十分ではない年齢の低い子どもに事故が多発するのです。この場合の認知というのは、「この食べ物は、どのくらいの量を口に入れたら丁度いいかな」とか「このくらい噛んで飲み込めば大丈夫かな」とか「途中でお茶を飲んで飲み込もう」とか、そういう判断ができる力を指します。幼児であっても、例えば急かされてあわてると無理やり飲み込もうとするとか、好物ばかり一気に食べようとする子もいるなど、まだまだ判断は未熟です。保育士は、そういう子どもの育ちを把握しておく必要があると思います。その上で、子どもの食べる様子を観察し、声を掛けながら、手元や口元を制御できる位置に保育士がいなくてはいけない。そういうことが専門性だと思うんですね。

新保　今の現状を踏まえた上で、どうやったら守れるのかを考えたとき、まずは危機管理のシステムを作らない限り無理だと思います。報告書を読むと、白玉団子の提供の可否について、ほかの園はしっかり危機管理が働いています。ほかの園は規模が小さいので、園長が決定できたという背景もあるのかもしれません。ですから、この事例から学ぶとしたら、個人の意識を高めるのではなくて、危機管理システムを作り、しっかり機能するように整えることが問われていると思います。

　実は、この事例がほかの事例と比べても、問題の根が深いですね。つい、わたしたちは、保育事故が起きると、そこは無認可だとか、ブラック園だという分け方をします。でも、安全だと思っている公立園であっても、危機管理の環境が悪いと事故は起きるのです。そのことが如実に現れた事例だと思っています。今や、正規職員が50%に満たない公立園は増える一方です。では、時間で働く非正規の人たちの声をどうやって吸い上げていくか、そういうシステムを作っていかないといけないですね。

　先日、武蔵野市の民間園から非正規職員さんだけの研修会を頼まれました。30名くらいいたのですが、同じ園で働いているのに、お互いに名前も知らなかったのです。朝だけとか、昼間だけとか、それぞれ勤務シフトが違うから、「はじめまして」から始めなくてはいけませんでした。でも、そういう人たちが、もっとも保護者と接する機会が多いわけですから、やはり危機管理を学ぶ機会を作り、職員が全員で自園の安全システムの確立を目指すべきですね。

第2部　重大な事故事例から学ぶ安全な保育

資料

「教育・保育施設等における事故防止及び事故発生時の対応のためのガイドライン」より
重大事故が発生しやすい場面ごとの注意事項について

誤嚥（食事中）

> **Point　食事の介助をする際に注意すべきポイント**
>
> ・ゆっくり落ち着いて食べることができるよう子どもの意志に合ったタイミングで与える。
>
> ・子どもの口に合った量で与える（一回で多くの量を詰めすぎない）。
>
> ・食べ物を飲み込んだことを確認する（口の中に残っていないか注意する）。
>
> ・汁物などの水分を適切に与える。
>
> ・食事の提供中に驚かせない。
>
> ・食事中に眠くなっていないか注意する。
>
> ・正しく座っているか注意する。

大事なポイント

- 子ども全員の口元・手元が観察できるポジションにつく。
- 機嫌（眠くなっていないか）
- 食べ具合
- 座っている姿勢

事故事例　おやつでの誤嚥事故

> **資料**
>
> 「教育・保育施設等における事故防止及び事故発生時の対応のためのガイドライン」より
> 事故の再発防止のための取り組み　参考資料
>
> 「誤嚥・窒息事故防止マニュアル～安全に食べるためには～(浦安市作成)」より抜粋
>
> **4．安全に食べるための嚥下のしくみ**
> 　食事をおいしく安全に食べるには、歯・嚥下のしくみを理解し、健康な食生活を支援することが大切である。
>
> **(1) 気管と食道のしくみ**
> 　気管は鼻と口から吸った空気の通り道であり、食道は食べ物・飲み物の通り道である。両者はのど部分で交差している。
>
> **(2) 嚥下のしくみ**
> 　嚥下とは、食べ物を口から胃へ送るための一連の運動をいう。食べ物を飲み込む際は、喉頭蓋が下向きになり気管の門が閉じて食道が開き、食べ物が食道から胃へと入っていく。
>
> **(3) 誤嚥とは**
> 　誤嚥とは、食べ物が食道へ送り込まれず、誤って気管から肺に入ること。乳幼児の気管の径は1cm未満、大人は2cm程度のため、これより大きいと気管の入り口を塞ぎ、窒息の原因となる。
> 　(参考) 誤飲：食物以外の物を誤って口から摂取することを誤飲といい、誤嚥と区別する。
>
> **(4) 歯の生え方**
> 　新生児の口は哺乳に適した形になっている。7、8か月ごろ乳歯が生え始める。9～11か月頃、乳前歯が上下4本ずつ8本の歯が生えそろう。
>
> 　1歳前後に前歯が8本生えそろうようになる。1歳～1歳6か月頃、第一乳臼歯(一番初めに生える乳歯の奥歯)が生え始める。3歳6か月頃までには乳歯(20本)が生えそろう。
>
> 　5～6歳頃から乳歯より大きな永久歯が生えてくるのに備え、顎が成長する。歯並びが良くなるようにすき間ができる。6歳前後になると乳歯の一番奥に第一大臼歯(一番初めに生える永久歯の奥歯)が生えてくる。

第3部

危機管理能力を高める
トレーニング

事故を防止するために必要な危機管理能力は、どう培い、高めていけばいいのでしょうか。
第3部では、危機管理の意識を高める方法と、
危機対応のトレーニングの実践例を紹介します。
実践例では、具体的な内容だけではなく、実際にやってみて気づいたことも掲載しました。
それぞれの園で、できるところから始めてみませんか。

担当●新保庄三
協力●廣岡明美
(千葉県柏市 保育運営課専門監)

プロフィール
新保庄三（しんぽしょうぞう）
一般社団法人日本保育者支援協会理事長。子ども総合研究所代表。社会福祉法人土の根会理事長。
武蔵野市保育総合アドバイザー他、各地自治体で保育アドバイザーとして、研修・相談活動に従事。

＜著書＞
『園力アップSeries 1 保護者支援・対応のワークとトレーニング』(2016年)
『園力アップSeries 2 保育者はチーム力 同僚性を高めるワークとトレーニング』(2017年 いずれもひとなる書房) 他。

Prolog
大人だけの
トレーニングが必要なワケ

避難訓練の落とし穴

　園現場は定期的に避難訓練を行っています。保育所保育指針の解説書には、「避難訓練は、災害発生時に子どもの安全を確保するために、職員同士の役割分担や子どもの年齢及び集団規模に応じた避難誘導等について、全職員が実践的な対応能力を養うとともに、子ども自身が発達過程に応じて、災害発生時に取るべき行動や態度を身に付けていくことを目指して行われることが重要である。」と記載されています。

　確かに避難訓練では、子どもたちがそれぞれ災害発生時に取るべき行動や態度を体験しています。では、大人はどうでしょうか。「実践的な対応能力」を養えているでしょうか。保育中の避難訓練では、子どもが主になるため、職員の訓練は「しているつもり」になっているのが実情です。報告書も作られていますが、形だけになってはいないでしょうか。

　職員が実践的な対応能力を身に付けるためには、職員だけの避難訓練が必要なのです。と同時に、さまざまな重大事故を想定して「大人だけのトレーニング」を重ねることが重要なポイントとなります。そして、こうしたトレーニングを続けることが、事故の予防につながるのです。

　「全員で一斉に」など、大がかりな訓練を行おうとすると、時間の確保などが難しくて、なかなか実施までたどりつけません。でも、クラス単位など、少人数なら実施は容易です。想定する事態も、地域や職員の人数など、条件によって違ってくるでしょう。実は、どんな事態が想定されるかと一人一人が考えるところから、トレーニングは始まっているのです。

※P.108～121で千葉県柏市の公立保育園で実施された実践例を紹介しています。

参加してみたら自分で思っているほど行動に移すことができませんでした。

職員間の認識のズレを確認できました。

職員だけの訓練に参加した人たちの感想です。

事故後の検証の難しさ

　ある園で、散歩中に子どもを置き忘れてくるという事故があり、園長が検証のために現場の撮影を行おうとしました。ところが、毎日のように散歩に出掛けているので、A保育士の「ここで右に曲がりました」という証言に、B保育士が「それは一昨日の散歩のときでしょ。今回はここでは曲がらなかった」と証言するなど、当事者の証言がかみ合わなくて、検証できなくなってしまいました。

　また、別の事例では、事故後に作った報告書を保護者に確認してもらったところ、事故があった日に保育士から聞いた話と内容が違うという指摘を受けたということもありました。

　事故を起こしたことはもちろん重大な問題ですが、起きた事故を検証できないことも大きな問題です。検証ができないということは、事故が起きた原因がわからないことを指します。原因がわからないのでは、再発防止はできません。

　事故の発生に関して、「ハインリッヒの法則」と呼ばれている調査結果があります。これは、「1つの大きな事故の後ろには、29の軽い事故があり、29の事故の背景には300の異常が存在する」というもので、いわゆる「ヒヤリ・ハット」の事象を表したものです。アメリカの保険会社に勤めていたハインリッヒという人が、1941年＊に労働災害の事例の統計を分析して見つけ出したといわれています。ですから、300の異常、あるいは29の軽い事故で原因を突きとめることができれば、1つの大きな事故を未然に防ぐことにつながっていきます。常に問題意識をもち、職員間で検証を重ねることがそのままトレーニングになり、検証の精度を高めることになります。

※効果的な検証のやり方について、P.123〜125で紹介しています。
＊1930年代、1929年など、諸説あります。

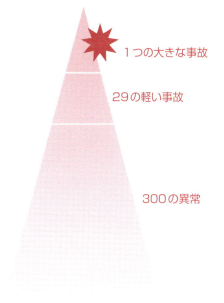

ハインリッヒの法則

危機管理の意識を高める2つのワーク

まずは、危機管理の意識を高めることから始めましょう。
危機管理の意識をもたないと、さまざまな事態も想定できません。
実践しやすい2つのワークを紹介します。園内研修として取り入れてみましょう。

ワークのポイント

- 「ブレーンストーミング」という、参加メンバーが自由にアイディアを出し合うワークです。日本では「KJ法」というグループでまとめていく手法と組み合わせて使われることが多いです。
- ほかの人が出したアイディアから連想して、なんでもいいからたくさんアイディアを出します。
- 批判せず、議論せず、説明せずの「三せず」を意識して、出し合います。
- 出されたアイディは箇条書きなどで記録します。

ワーク1　心の準備あるところに幸運が舞い降りる

ねらい　職員間で危機管理の意識を共有する。
実施時間　30〜40分
準備　付せん（75×75㎜）　模造紙（グループに1枚）　レポート用紙　筆記用具

進め方　前半

例題に対して自由に想像して考えを出し合う

① 1つの机を囲んで5〜6人が座る。

② 例題を出す。

> あなたが事務室に一人でいたとき、ある人がものすごく恐ろしい顔をして入ってきました。保護者（お父さんかお母さん）か、おじいちゃん、おばあちゃんか、おじさん、おばさんか、または園の近所の人か、自由に想像してください。その人はとても怒っていますが、何を言いに来たのでしょう。いろいろな人や場面を想像してみてください。

③ 各自、それはどんなことか、思いつくことを自由に5つ、5枚の付せんに1項目ずつ書き、机の上の模造紙にはる。

実際の記入例

Aさん
1. 忘れ物に対して督促を繰り返された。
2. 子どもの作品が壊れていた。
3. 「先生が怖い」と言う。いじめられているのではないか。
4. かみつかれた。
5. 連絡先を「父」にしているのに、何年経っても「母」に来るのは、伝達が行き届いていないのではないか。

Bさん
1. お迎えが遅くなると連絡したのに、担任に伝わっていない。
2. 散歩や戸外でのあそびが少ない。
3. いつも間違って衣類が返される。
4. 発熱の連絡を職場ではなく、携帯電話にしてほしい。
5. 園長が挨拶してくれなかった。

④ みんなで見て、同じようなものがあれば、1つにまとめて1枚だけ付せんを残し、無記入の付せんを模造紙にはる。例えば、5人なら25枚の付せんが残るように、足りない分をみんなで話し合い、新たな内容を記入する。

無記入の付せん

⑤ 記録係が発表し、参加者全体で想定事例を共有する。

トレーニング 2つのワーク

進め方 後半

想定事例を決めて話し合う

① 各グループで、模造紙にはった付せんの中から、話し合ってみたい想定事例を1つ選ぶ。

② 選んだ想定事例について、3つの項目について話し合う。
　（イ）自分の経験
　（ロ）自分で考えた原因
　（ハ）再発防止のための対策のポイント

　話し合いのポイント
　　ほかの人の意見は批判せず、思ったことを自由に話す。前半の記録係とは別の人が話し合った内容のポイントをレポート用紙に記録する。

③ 参加者全体で共有する。グループごとに話し合った内容のポイントを発表する。

発表事例　**想定事例**　「うちの子がかみつかれた」という苦情

原因
保育環境や保育内容の確認が必要。かみつきをした子どもの個々の状況については、言葉が出ない月齢、休み明けでいらいらしている、家庭状況の問題などが考えられる。その子どもの状態を把握できていたか。また、説明と謝罪の仕方にも問題があったのではないか。状況をきちんと説明し、謝罪する丁寧な対応が必要だったのではないか。

再発防止について
1. 保育の仕方を工夫し、子ども同士が落ち着いてあそべる環境を作る。
　（少人数グループや遊具の数の吟味など）
2. 家庭の状況を把握し、その子に合った対応をしていくこと。
3. 保護者には、その日のうちに状況をきちんと説明し、謝罪する。
　（特にかみついた子の保護者に）

トレーニングの効果

話し合っていく中で、園で起こりうることをあらかじめ想定しておく、いわば「心の準備」ができます。

ワークで書いた付せんを集め、話し合った内容をまとめると、自分の園の「危機管理の対応」に関する小冊子ができます。

第3部　危機管理能力を高める
　　　　トレーニング

ワーク2　回転式対話方法

ねらい　自分の考えを深め、互いの考えを理解する。
実施時間　30～40分
準　備　レポート用紙　筆記用具

進め方　前半

① 4人で1つのグループを作る。

② 1人で考える。
トレーニングワーク①（P.103）の例題について、自分が思ったことや感じたことを自由に書き出す。（3～5分間）

③ 2人で対話する。
2人組になって、互いに1人で考えたことを話し合う。（5～7分間）

④ 2人での対話を繰り返す。
相手を図のように替えて2人で対話する。

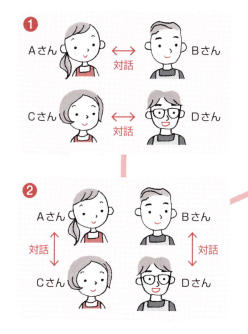

⑤ グループで話す。
　グループ全員で話し合う。話し合う前に発表者を1人決めておく。

⑥ 全員で共有する。
　グループ内で話し合ったことを発表し合い、全員で共有する。

⑦ 園長、または責任のある立場の人がワークについてコメントする。

トレーニングの効果

人の話し合いを聞くことでコミュニケーションの力がつきます。

危機管理だけでなく、園での日々の会議方法としても有効です。

Advice 話し合う人数は、3人、または5人でもできます。

3人の場合

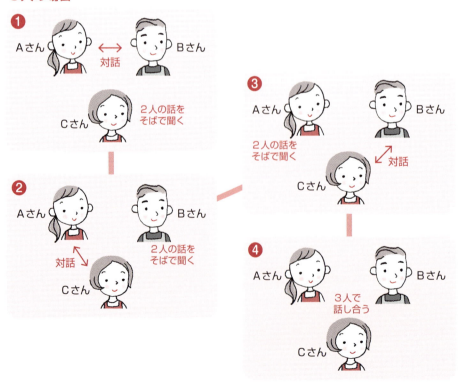

第3部 危機管理能力を高める　トレーニング

5人の場合

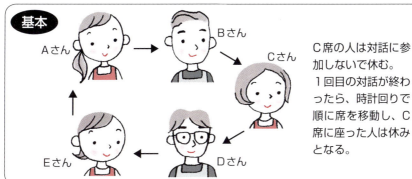

基本

C席の人は対話に参加しないで休む。
1回目の対話が終わったら、時計回りで順に席を移動し、C席に座った人は休みとなる。

❶ 1回目
❷ 2回目
❸ 3回目
❹ 4回目
❺ 5回目
❻ はじめの席に戻り、全員で話し合う。

危機対応トレーニングの実践例

プロローグ「避難訓練の落とし穴」で紹介した職員だけの危機対応トレーニングで、
千葉県柏市公立保育園が行った実践例を紹介します。
さまざまな場面を想定した実践を通して、たくさんの気づきがありました。
まずは、少人数から始めてみませんか。

事例 1　さらしでのおんぶで避難

（1）さらしでのおんぶ体験

実施の状況

- **時間**　保育中（午後2～3時）
- **参加者**　0、1歳児担任保育士16名
- **内容**　2グループに分かれて、1人ずつ子どもをおんぶしてみる。

具体的な内容

- おしりをくるむ方法、おしりの下で交差させる方法、子どもの足をさらしで巻いてから背負う方法の3つの方法を体験。

やってみて気づいたこと

- 1人でおんぶすることはかなり難しく、きちんとおんぶできているかを確認することも難しいことがわかった。
- 実際にやってみて、おしりをくるむ方法がいちばん安定することがわかってよかった。参加者間で共通理解が図れたので、今後は1日1回はさらしでおんぶするようにした。
- だっこひもの要領で抱く形もやってみたが、前が見えにくく危険だと感じた。やはりおんぶがよい。

リュックスタイルだと、見た目はいいけれど、少し不安定なこともわかった。

第3部　危機管理能力を高める
トレーニング

（2）さらしでおんぶして避難訓練に参加

実施の状況

時　間　保育中（1回目＝午前中　2回目＝夕方）
参加者　0、1歳児担任保育士　副園長　園長
内　容　事前にさらしでのおんぶを練習した後、実際の避難訓練で実践。

具体的な内容

- おふだんはさらしを使用することがないため、保育士1人ではおんぶができず、2人組で練習。特に、さらしを使ったおんぶの経験がない保育士には、人形などを使って、まずはおぶい方を知らせ、おぶってみることから始めた。
- 時間がかかってもいいから、園の避難訓練時に、さらしでおんぶをして避難。

- 使い慣れないさらしでのおんぶに、多くの保育士が恐る恐るといった感じだった。まずは、子どもを立たせたり、ベッドに座らせたりして、1人でのおんぶをマスターする必要を感じた。
- 避難訓練時だけではなく、日常的にさらしを使ったおんぶを取り入れていきたい。また、0、1歳児の担任保育士だけではなく、職員全員がさらしでおんぶできるように練習する機会を定期的に取り入れていきたい。

さらしでおんぶの様子

おしりをくるむ
さらしを広げておしりをくるむと安定性が増す。

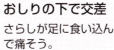

おしりの下で交差
さらしが足に食い込んで痛そう。

足をさらしで巻く
足が抜けてしまうと危ない。

トレーニング 実践例

事例 2　けいれんや午睡中の救急

（1）救急車要請訓練

実施の状況

時　間　午前9時45分～10時10分
参加者　0歳児担任保育士　事務室
内　容　おやつを食べた後、男児が熱性けいれんを起こしたという想定の下、人形を男児に見立てて、救急車要請と到着までの対応訓練。

具体的な内容

- 担任保育士の1人が男児を寝かせ、ほかの担任保育士が事務室へ連絡したり、ほかの子を別室に移したりした。
- 看護師、園長、副園長が様子を見に行き、けいれんを確認。すぐに119番通報で救急車を要請。
- 様子を見ていた保育士が保護者役に状況を伝えた。また、別の保育士が記録を取った。
- 園長、または副園長がほかのクラスにも状況を伝え、救急車到着の際に混乱しないように、園庭であそんでいる子どもたちを保育室に誘導。

やってみて気づいたこと

- 第一発見者が動き回ってしまった。その場を離れずに指示を出すべきだった。
- いつ、どこで起きるかわからないので、状況を正確に報告できるように、常に時計を持っている必要性を感じた。
- 救急車要請の場面では、一方的に伝えるにとどまってしまった。救急車側の役も作り、実際のやり取りを想定して受け答えの訓練を行うべきだった。救急車要請を経験したことがない職員が多いことがわかったので、繰り返し通報訓練を行いたい。
- 保育士が保護者に説明した内容の記録についてもあわせて訓練を行いたい。
- 当該児の安静を保障することや、ほかの子どもたちにも不安を与えないことが大事なので、職員間で声をかけ合い、冷静に対応できる状況を作る大事さを感じた。

(2) SIDS対応

実施の状況

時　　間　午後4時45分〜5時15分
参 加 者　職員20名
内　　容　1歳児の午睡中の急変を想定。職員が保育士役、子ども役に分かれて訓練。

具体的な内容

- 担任保育士が午睡中の子どものそばにつき、泣きだしたA児をあやす。A児が落ち着いたときに、隣で寝ているB児が呼吸をしていないことに気づいたという想定で対応。
- ほかの保育士を呼び、AEDの実施や救急車要請、保護者への連絡を手分けして行った。

- B児の周りに職員が集まりすぎて、ほかの子の保育が手薄になった。B児以外の子ども役を担当した保育者から、「自分には対応してもらえず、寂しい感じがした」との意見が寄せられた。
- すぐにマニュアルを持ってくることができなかった。気づいた人が「マニュアルを持ってきましょうか」と声を出すべきだった。SIDSマニュアルの「呼吸をしていない子どもを見つけたときの対応について」の部分を各クラスで取りやすい場所に置いておきたい。
- 連絡係、記録係の指示をもっと明確にするべきだった。
- 訓練の中で「互いに声をかけ合い、確認することで、落ち着き冷静になれる」ことを体験でき、協力体制をとる大事さを感じることができた。

トレーニング 実践例

> **● 資料**　「教育・保育施設等における事故防止及び事故発生時のためのガイドライン【事故防止のための取り組み】〜施設・事業者向け」より

（3）緊急時の対応体制の確認

緊急時の対応体制として、以下のような準備をしておくことが望ましい。

①緊急時の役割分担を決め、掲示する。

○事故発生時に他の職員に指示を出す役割について、施設長・事業所長、副施設長・副事業所長、主任保育士など、順位を付け明確にするとともに、事故発生時の役割ごとに分担と担当する順番・順位を決め、事務室の見やすい場所に掲示する。
○緊急時の役割分担の主なものは、以下が考えられる。

Point　緊急時の役割分担の例

- 心肺蘇生、応急処置を行う。
- 救急車を呼ぶ。
- 病院に同行する。
- 事故直後、事故に遭った子どもの保護者、地方自治体関係部署に連絡する。
- 事故当日、事故に遭った子ども以外の子どもの教育・保育を行う。
- 事故直後、交代で事故の記録を書くよう職員に指示する。
- 施設・事業所全体の状況を把握しつつ、病院に同行している職員など、それぞれの役割の職員間の連絡をとる。
- 事故当日、必要に応じて、事故に遭った子ども以外の子どもの保護者に事故の概要について説明をする。
- 翌日以降の教育・保育の実施体制の確認を行う。

②日常に準備しておくこと（受診医療機関のリスト、救急車の呼び方、受診時の持ち物、通報先の順番・連絡先等を示した図等）について

○施設・事業者は、各職員の緊急連絡網、医療機関・関係機関（地方自治体、警察等）の一覧、保護者への連絡に関する緊急連絡先を事前に整理しておく。
○119番通報のポイントと伝えるべきことを施設・事業者で作成し、事務室の見やすい場所に掲示、園外活動等の際に使用するかばんに携帯、プールでの活動中に見やすい場所等に掲示する。

参考例　119番通報のポイントと伝えるべきこと

「保育現場の「深刻事故」対応ハンドブック」の書式例を元に作成

1.「救急です」

119番につながったら、まずはっきり「救急です」と言います（＝火事ではない）。

2. 場所（住所）を告げる

施設・事業所の敷地内で起きた場合は、施設・事業所の住所を言います。施設・事業所は住宅地の中のわかりにくい場所にあることも多いので、救急車が来るときに目印となる公園や交差点名なども告げましょう（住所、目印は電話の横に書き出しておきます）。

散歩や施設・事業所外の活動のときも、公園や施設の名前や住所、通過する大きな交差点や目立つ建物などの名前を言えるよう地図を作って携帯します。

3. 事故の状況を説明する

「誰が」「どうしたのか」を正確にわかりやすく伝えます。たとえば、「〇時〇分ごろ、×歳児が1人、高さ1.5メートルの滑り台から落ちました。動きません。泣いてもいません。どこを打ったかはわかりません」「〇時〇分ごろ、×歳児が給食中に〇〇を（何かを）喉に詰まらせました。唇が青くなってきました」。

基本は、「いつ、どこで、誰が、何を（何から、何に）、どうした」と「今、～な状態である」です。こうした情報は救急を要請するときだけでなく、ヒヤリハットや事故の情報を共有するときにも重要です。

4. 通報者の氏名と連絡先を告げる

「私の名前は、〇〇です。電話番号は～」と告げます。施設・事業所外におり、携帯電話から通報している場合には、携帯電話であることも告げます。

5. 通報後は、しばらく電源を切らない

通報を処理するセンターから確認の電話がくる場合もあるので、通報後しばらくは電源を切らないこと。

6. 救急車を迎える

道路などに出て、救急車に合図をしましょう。すでに暗くなっていたら懐中電灯を持って出て、救急車に合図をしましょう。

※「正しい119番通報の方法」（総務省消防庁防災情報室）の内容を保育施設向けに改変しました。
http://www.fdma.go.jp/ugoki/h1610/19.pdf

トレーニング 実践例

事例3　嘔吐の手当と対応訓練

実施の状況

時　間　午後4時半〜5時
参加者　園長　副園長　看護師　保育士10人
内　容　午後のおやつを食べた後、思い思いにあそんでいるときに4歳児男児が保育室で立ったまま突然床に嘔吐した、と想定。いろいろなおもちゃが出ている状況での嘔吐について、看護師の指導で手当や対応を訓練。

具体的な内容

- 園児1、2、3と担任保育士1、2、3を作り、役以外の職員は周りで見て、参加。
- 園児3が立ったまま、嘔吐。嘔吐物に見立てた紙片を散らす。
- 担任保育士が手分けして、廊下側のドアを閉め、テラス側の窓を開けた。エアコンは止めるが、換気扇は止めない。また、嘔吐処理セットを用意。
- 担任保育士2、3は園児1、2をテラスへ誘導するとともに、事務室やほかのクラスへ連絡。
- 担当保育士1は嘔吐処理セットのマスクと手袋を付けて、園児3にかけより嘔吐バケツを持たせる。と同時に、床に広がった嘔吐物に布をかぶせる。
- 続いて担当保育士は靴カバー、ビニールエプロンを着用して、園児3の嘔吐物が掛かっていた洋服や靴をすばやく着替えさせる。汚れ物は二重にしたビニール袋に入れて密封し、名前を書いてふた付きバケツに入れる。
- 半径2mにわたって床を消毒。10分後、水拭きをする。
- 担当以外の保育士Aと看護師は、身支度を調え、消毒液入りのバケツと、水のみのバケツを持って保育室に入る。
- 担当保育士1は、嘔吐用のバケツを持って園児3を窓側へ移動させた後、事務室へ移動して検温。
- 保育士Aと看護師は、嘔吐物を処理後、床を濃いめの消毒液を使って丁寧に消毒。同時に、半径2mにわたって、床を薄い消毒液を使って拭く。10分後、水拭きを行う。

園児3

担任保育士1

担当以外の保育士A　看護師

第3部　危機管理能力を高める
トレーニング

消毒できない
素材のおもちゃは
破棄の処置を。

- 園児3のそば（半径2m以内）にあったおもちゃの仕分けと消毒をする。嘔吐物の掛かった消毒できない布のおもちゃやぬいぐるみは、ビニール袋に入れて密閉し、破棄する。
- プラスチック製で水につけられる物は、消毒液を薄めた中につけて、10分後に水拭き。木製など、水につけられない物は消毒液を付けた布で拭き、10分後水拭き。
- エプロン、マスク、靴袋、手袋を外し、ビニール袋に入れて密封。ふた付きバケツに捨てる。最終的には日付を入れて、園とバケツに捨てる。
- 消毒終了後、10分くらい経ってから園児を保育室に戻す。

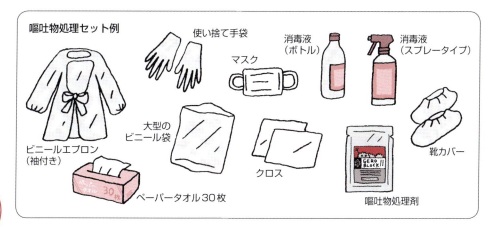
嘔吐物処理セット例／使い捨て手袋／マスク／消毒液（ボトル）／消毒液（スプレータイプ）／ビニールエプロン（袖付き）／大型のビニール袋／クロス／靴カバー／ペーパータオル30枚／嘔吐物処理剤

やってみて気づいたこと

- 実際には汚れていないため、子どもを着替えさせるときや、床を消毒するときに、ひざをついてしまう場面が見られた。
- 最初はそでをひじまでまくり上げていたが、作業をしている間に下がってしまった。エプロンから出てしまうズボン（ジャージ）もまくり上げることになっているが、防寒着を着用していたのでそのまま行うことになった。基本的にまくり上げられる物を着用するべきだということを確認した。
- クラス担任以外にも、嘔吐物処理セットの保管場所を周知していたが、実際には戸惑うことが多く、その分、取りかかるまでに時間がかかった。嘔吐処理セットに何が入っているのかも職員全員が共通理解をしておく必要性を感じた。
- 嘔吐物を直接処理する人は、手袋を二重にする必要があり、装着に思った以上に時間がかかった。
- 消毒用のぞうきんを絞る保育士の配置を考えていなかった。
- 看護師に参加してもらうことで、消毒のポイントや対応の注意点について、話を聞くことができてよかった。

事例 4 すべり台からの落下

実施の状況

時　間　午後2時～3時
参加者　7名
内　容　机上で対応を訓練
「園庭のすべり台の階段で2歳児が押し合い、一人が階段最上段（高さ2m弱）から落ちた」という想定の下、職員の動き方を話し合う。

具体的な内容

発見者（担任保育士A）
- 子どもが落ちたことを周りの職員に知らせ、看護師、園長等に応援要請を行う。
- 子どものけがや意識の状態を確認するとともに、落ちたときの状況を把握し、時間も確認する。
- 頭を打っている場合…意識レベル、呼吸の状態を確認。状態によっては、AEDを使用する。
- 出血している場合…ペットボトルの水などで洗い、滅菌ガーゼで止血する。
- 救急車に同乗し、付き添う。

園庭にいた別の保育者（担任保育士B）
- 救急車を要請する。
- 発見者が把握、確認している内容を記録し、救急隊員に伝える。その際、アレルギーの有無、服薬の有無、体重も伝える。

その他の職員
- 園庭にいる園児を保育室に誘導する。
- 子どもの保育、救急車の誘導、保護者への連絡、役所への連絡を分担して行う。
- 救急車には、担任のほか、看護師が同乗し、付き添う。

第3部　危機管理能力を高めるトレーニング

やってみて気づいたこと

- 見慣れている遊具だったので、改めてその高さを実感し、危機意識を強くもった。
- 保護者へは、「緊急保護者連絡チャート」に添って連絡し、内容が二転三転しないように気をつけたい。
- 救急車を要請した際、園庭側の道路は入りづらいことに改めて気がついた。正門に付けてもらうように指示することについて職員間で確認し合った。また、救急隊員が正門から入ってくる動線と、園児の入室の同線が重なることにも気がついた。園児の入室の動線を別に確保したい。

資料　訓練園で使用している緊急保護者連絡チャート（電話連絡の場合）

1. **電話をかけている者の名前**
2. **子どもの名前**
3. **いつ**（時刻）
4. **何をしているときか**（例：園庭ですべり台に上っていたときに）
5. **どうなったか**（例：バランスをくずして最上段から落ちた）
6. **どうしているか**（例：救護処置を続けている／救急車を要請したなど）

服用している薬の有無を確認し、保護者にどうしてもらうか（ただちに園に向かってもらう／病院がわかり次第、知らせるなど）を明確に伝える。

トレーニング 実践例

事例 5　プールでおぼれたときの訓練

実施の状況

時　間　午後1時～2時半
参加者　園長　副園長　看護師　保育士9名
内　容　3歳児の1人がプールでおぼれ、意識不明になった想定で、3歳児の担任を中心に対応を訓練。

具体的な内容　（　）内は訓練時の役割

想定時刻	子どもの姿	職員の配置及び動き	事務室対応
10：00	●プールあそび 　3歳児　20名 　（おぼれた子ども役の保育士A／ 　別の子ども役の保育士B） 　サポート児　1名 ○3歳未満児　水あそび ○4、5歳児　室内あそび	●担任1名（保育士C） 　サポート保育士1名 　（保育士D） 　監視保育士1名 　（保育士E）	
10：15	・Aちゃんがおぼれる。	・監視役が溺れているAちゃんに気づき、大声で助けを呼ぶ。 ・担任がプールから引き上げ、事務室に運ぶ。 ・看護師：Aちゃんの処置を行う。 ・担任：救急隊員の指示に従い、AEDを持ってくる。 ・看護師：AEDを使って救命措置を行う。	・園長：救急車を要請（通話はできれば看護師に交替）。保護者に連絡し、おぼれて意識がないので、救急車をよぶことを伝える。 

看護師に替わります　看護師

第3部　危機管理能力を高める
　　　　トレーニング

想定時刻	子どもの姿	職員の配置及び動き	事務室対応
10：15	・ほかの子は保育士の誘導でプールから上がり、保育室で待つ。	・監視、サポート保育士がプールにいたほかの子を集め、プールに一番近い2歳児室へ入室を誘導。そのまま待機する。	・副園長：ほかのクラスに知らせる。それぞれの職員に指示を出す。
		・ほかのクラスの保育士4名：副園長の指示に従い、2名が看護師のサポート。2名が救急車を誘導。	・担任と副園長：記録をとる。

やってみて気づいたこと

● プールにいたほかの子を室内に誘導したが、水着のままだった。部屋で待機中に何をするか、共通理解をしておく必要があった。
● おぼれた子を保育者1人で運んだが、子どもの体格によっては、保育者2人が運んだり、担架などを使ったりしたほうが安全だった。
● おぼれた3歳児の担任を中心にして行ったが、できるだけ職員一人ひとりが当事者になって訓練したい。

120 トレーニング 実践例

事例 6　園長・副園長が不在時の対応

（1）降園後の保護者からの問い合わせ

実施の状況

時　　間　午後4時40分〜6時
参加者　3名
内　　容　園長、副園長ともに不在時の土曜日の午後を想定。降園後、右手を使わない子どもの様子を不審に感じた保護者からの電話対応などの訓練。

具体的な内容

- 昼食中にあまり右手を使わない姿を認識していたが、痛がっている様子は見られなかったので、保護者に伝え忘れていた。
- 担任と遅番保育士、居合わせた先輩保育士とで話をして、土曜日に診察している病院を探し、園からタクシーで迎えに行って一緒に受診する。

やってみて気づいたこと

- 園長、副園長ともに不在時だったので、みんながあわててしまった。受けた電話をいったん切るなど、落ち着いて対応することができなかった。
- 園内にいる職員で相談した内容を保護者に連絡するとともに、園長か副園長にも伝え、病院で受診した後のことについて、相談、確認をするべきだった。

（2）夕方の熱性けいれんへの対応

実施の状況

時　　間　午後4時40分〜6時
参加者　3名
内　　容　発熱のため、事務室に連れてこられた2歳児が、その後熱性けいれんを起こしたときの対応について訓練。

第3部　危機管理能力を高める
トレーニング

具体的な内容

- けいれんは約3分で収まり、その後嘔吐する。
- 子どもの状態を記録する。
- 保護者に連絡と同時に、救急車を要請。
- 救急車には担任が同乗。

やってみて気づいたこと

- とっさに1人がリーダーとなって、記録や保護者への連絡などの指示出しをしたのはよかった。
- 事務室にいる人間だけで動こうとせず、ほかの職員にも声をかけて、応援を頼むようにするべきだった。
- その場ではあわててしまって、目の前の状況に対応することでいっぱいいっぱいになってしまうことを実感した。不在の園長や副園長にどの段階で連絡するべきか、職員間で共通認識を図っておくことが必要。

実践のまとめ
大人だけのトレーニングが生まれたワケ

お話 柏市 保育運営課専門監　廣岡明美

　園で大人だけのトレーニングを行うにあたっては、その前に、園長研修や主任者研修などキャリアごとの研修会で、度々、さまざまな事例を取り上げていたという経緯があります。ロールプレイング*でやってみると、いろいろな気づきがあり、園内研修としても有効ではないかということで実践しました。

　最初は、研修経験者の園長や主任がリードしましたが、どんな事例を取り上げるかは、職員から提案があったものを取り上げました。柏市では、「水あそびを始める前に、さまざまな事態にどう対応するかをシミュレーションする」という独自のマニュアルを作っているので、水あそびが始まる季節に、このマニュアルを意識して、トレーニングとして取り入れた園もありました。職員間でどんな事例を取り上げるかを考えたり、それとなく話題に上げたりするところから、すでにトレーニングは始まっていたように思います。

*ロールプレイング=職場での役割を想定し、疑似体験を通して行う研修の手法

おわりに 事故の検証が新たな事故を防ぐ

　平成28年3月31日に内閣府より通知された「教育・保育施設等における重大事故の再発防止のための事後的な検証について」は、「再発防止策に関する検討会」の「死亡事故等の重大事故の発生前、発生時、発生後の一連のプロセスにおける子どもや周囲の状況、時系列の対応などを検証し、検証の結果を重大事故の再発防止に役立てていくことが極めて重要である」という提言を受けて定められたものです。

　事故が起きた後には、必ず記録を作成し、その記録を元に事故の「検証」を行います。ところが、この「記録」の多くが「きれいな作文」になっていることが、検証を難しくしているという現状があります。読みやすくまとめようという心理が働くのでしょうか。そうした記録を元に検証しようとしても、必要な事実などが十分に書かれていないので、結局、「何が起きたのかよくわからない」ということになります。

　最近は、不審者対策として、出入り口や園庭に防犯ビデオを設置している園が増えてきました。園庭の事故がこうした防犯ビデオに記録されていると、分刻みで事実を確認することができます。でも、映像の記録がなくても、やはり一つ一つの事実を丁寧に確認しながら、記録していかなくてなりません。その内容は、決してわかりやすいものではないはずです。なぜなら、事故が起きる場合、概ね複数の原因があるからです。

　事故にまつわる記録は、事故後の処理ではありません。前述の内閣府の通知にあるように、今後、同じような事故が起きないための予防につながるものです。事故が起きた経緯のさまざまな事実にきちんと向き合うことは、当事者にとっては勇気のいることです。ともすれば、「○○さんが目を離したから」といった責任の所在を追求することになりがちです。確かにそうしたことも原因の一つかもしれません。でも、それぞれの事実を客観的に並べていくと、例えば「環境整備に不備があった」とか「予定の変更を職員全員に徹底周知していなかった」など、別の側面からの原因も見えてきます。

　検証とは、「誰の責任か」を追求するものではありません。事実を確かめることです。また、事故の検証は、重大事故のときだけ行うものではありません。むしろ、小さな事故を検証することが、重大事故の予防につながっています。第3部のプロ

ローグでも書きましたが、大きな事故には小さな事故がたくさん隠れています。小さな事故から、しっかり検証することを、まずはリーダーが意識してください。

　そのためには、できるだけそのときの現場を再現することも必要でしょう。P.124-125にさまざまな場面を想定した絵人形のカードを用意しました。ペットボトルや積み木などを使って、必要な人物の絵カードや備品をはれば、すぐに現場を再現することができます（イラスト参照）。視覚的に事実を共有することで、さまざまな気づきが生まれます。リスクを回避するシステムの一つとして活用してください。

　最後になりましたが、ひとなる書房の皆さんと、ほいくりえいとの中村美也子さんには大変お世話になりました。長期間にわたって執筆陣を支え、多大なご尽力をいただいたおかげで、本書を刊行することできました。心より感謝し、お礼を申し上げます。

2019年1月
執筆者を代表して　新保庄三

資料

検証用絵人形カード
＊必要な絵人形カードをペットボトル（少量の水を入れておく）や積み木などにはり付けて、使ってください。

 女性保育士1
 女性保育士2
 男性保育士
 保育補助

 0歳児
 1歳児
 2歳児
 幼児1

 幼児2
 嘔吐1
 嘔吐2
 嘔吐3

 バギー1
 バギー2
 防災頭巾
 ヘルメット

 調理員
 女性事務
 男性事務
 保育補助

 父
 母
 祖父
 祖母

 医師
 看護師
 男性警察官
 女性警察官

 消火器
 救急隊員

担当	
第1部	猪熊 弘子（いのくま ひろこ）
第2部	寺町 東子（てらまち とうこ）
第3部	新保 庄三（しんぼ しょうぞう）

＊プロフィールは各部の扉に掲載しています。

協力
社会福祉法人光道会　今井保育園（東京都青梅市）
社会福祉法人龍美　南つくし野保育園（東京都町田市）
千葉県柏市 保育運営課専門監　廣岡明美

STAFF	
装画	おのでらえいこ
装幀	山田道弘
本文デザイン	長谷川由美・千葉匠子
本文イラスト	かまたいくよ・山岡小麦・わたなべふみ
編集	ほいくりえいと（中村美也子）

園力アップ Series 3
重大事故を防ぐ園づくり

2019年1月20日　初版発行
2023年1月20日　3刷発行

著　者 ● 猪熊 弘子
　　　　　新保 庄三
　　　　　寺町 東子

発行者 ● 名古屋研一

発行所 ● ㈱ひとなる書房

東京都文京区本郷 2-17-13
電話 03(3811)1372
Fax 03(3811)1383
E-mail:hitonaru@alles.or.jp

©2019　印刷・製本／中央精版印刷株式会社
＊落丁本、乱丁本はお取り替えいたします。お手数ですが上記発行所までご連絡ください。

園力アップSeries

今日から役立つワーク・トレーニング・アイディア・実践事例が満載!

1 保護者支援・対応のワークとトレーニング

たちまち3刷

ISBN978-4-89464-235-5

新保庄三＋田中和子 編著

支援を必要とする保護者や対応のむずかしい保護者が増えています。苦手な保護者がいても、いいのです。でも、保育のプロならば、**トラブルを防ぐ、大きくしない 心地よい信頼関係をつくる**——そのための、**スキル**を身につけたい。

時代の変化に即した保護者とのパートナーシップを築く

＜もくじ＞

第1部 保護者理解と支援のキホン
ウォーミングアップ あなたなら、どう対応しますか？
1 保護者支援・対応 3つの「キホン」
2 支援の視点と対応のポイント
3 ジェノグラム（家族図）の活用

第2部 日常的な関係づくりメソッド
1 プロのテクニックとトレーニング法
2 コミュニケーション 土台づくりのポイント
3 懇談会＆保護者会 盛り上げアイディア
4 保育者のストレス解消のコツ

第3部 トラブルを大きくしない対処の方程式
1 トラブルに備えたワークとトレーニング
2 クレーム初期対応のポイント
3 小さな事故（けが）の初期対応
4 自園での対処の方程式をつくる

資料 虐待対応の基本

＊B5判／128頁／2色刷
＊定価（本体1800円＋税）

ひとなる書房

園力アップSeries

今日から役立つワーク・トレーニング・アイディア・実践事例が満載！

2 保育力はチーム力
同僚性を高めるワークとトレーニング

同僚を知る喜び
自分を解ってもらう心地よさ
保育を語り合う楽しさが
園の文化になる
安心のコミュニティ

武蔵野市の保育園で10年間わたり取り組んできたワーク・トレーニングと、その成果を紹介。

園内研修テキストに最適！

＊B5判／2色刷
＊定価（本体1800円＋税）

ひとなる書房

ISBN978-4-89464-243-0
新保庄三＋編集委員会
協力●武蔵野市／(公財)武蔵野市子ども協会

大人たちのいい関係に包まれて育つ子どもたちは幸せです。

＜もくじ＞

第1部　チーム力の土台を作ろう
「こころ」と「からだ」をほぐす ウオーミングアップ
　回転式いないいないばあ／じゃんけんパンチ／エア・縄跳び／信頼のワーク他

コミュニケーション力を高めるために 相手を知る自分を知る
　1人ひとりを知るために、つなぐために／「山が好きか、海が好きか」ワーク他

第2部　職場の課題を見つけよう
職場の課題を「見える」化する コミュニケーショングラフ
　4つのキーワード／コミュニケーショングラフを作る

4つのキーワードに基づく 11種類のワーク
　おしゃべりのワーク／弱音をはくワーク／声かけのワーク／対話のワーク

チーム力を高める「武蔵野式会議」の進め方
　会議に向けての準備／グループワークの場合／会議シートを使って

第3部　チーム力アップのプロセス
具体例を通して考える チーム力アップに向けて
　職員のやり方が気になったとき／人間関係で問題が起きたとき

実践事例 現場での試み
　職員が入れ替わる年度始めに実施／悩みや戸惑いを共有するために／話すことが苦手な職員のために／もっと同僚を身近に感じるために／チーム力の変化を検証する　他